Histoire Sanglante de l'Humanité

DU MÊME AUTEUR

En effet, la sollicitude pour les assassins n'a-t-elle pas lieu d'étonner, quand on constate la mollesse dont font preuve souvent les pouvoirs publics, alors qu'il s'agit de châtier les coupables ou de sauvegarder la sécurité des honnètes gens?

Comment! voilà une démocratie qui a mis à l'ordre du jour, depuis des années, toute une série de réformes sociales ou humanitaires, et qui, négligeant de rien faire aboutir en quelque sorte, donne la préférence, dans les discussions parlementaires, aux propositions bienveillantes en faveur des gredins qui terrorisent le pays avec une audace toujours croissante!

Quand vous aurez assuré efficacement un gîte aux vieillards, une protection à l'enfance, des secours suffisants aux miséreux, facilité les recherches de la police, assuré une répression suffisante, garanti la sécurité des citoyens, alors apitoyez-vous sur le sort des meurtriers, si votre tendre cœur vous y convie; mais, de grâce, commencez par songer aux braves gens, dont le sort est pour le moins aussi intéressant que celui des coupables.

Récriminer serait une protestation oiseuse et sans portée. Prenant la situation telle

qu'elle résulte des circonstances, et analysant les esprits en l'état où ils se trouvent, mettons au point la question de la peine capitale, en synthétisant les nouveaux arguments qui viennent d'être mis en avant à la tribune de la Chambre, dans la presse quotidienne, ou encore dans les revues les plus autorisées.

Le grief principal, le seul qui mérite une réfutation complète, est incontestablement l'irrévocabilité de la peine de mort.

Cela nécessite quelques détails préalables, concernant l'*échelle des peines*, telle qu'on la trouve établie dans toutes les législations positives, d'essence religieuse ou d'origine humaine.

Partout la répression suit la gradation suivante : il y a d'abord les *amendes*, sanction pécuniaire pour les fautes minuscules, pour les contraventions de petite importance.

Puis ensuite viennent les peines corporelles : la *prison*, la réclusion avec toutes ses modalités. La privation de liberté est, par sa nature, une punition plus forte que les amendes, et les dommages-intérêts les plus élevés. En droit, un jour de prison est réputé une sanction plus dure qu'une condamnation à dix mille francs d'indemnité. Les peines

atteignant l'individu dans sa liberté, qu'elles soient temporaires ou perpétuelles, font partie de la seconde catégorie de châtiments.

Jusqu'ici, toutes ces peines sont révocables, théoriquement parlant du moins : on peut restituer l'amende au prévenu, ou libérer le prisonnier mis sous les verrous.

Or, tous les législateurs se sont trouvés en présence de deux systèmes pour réprimer, non plus les délits vulgaires, mais les crimes proprement dits, et surtout l'assassinat, l'attentat le plus grave qui se puisse commettre contre les particuliers.

Certes, il fallait logiquement une aggravation dans le châtiment : mais laquelle?

Devait-on ajouter à la prison des mutilations, des tortures? conserver le condamné pour le faire souffrir, en exagérant la douleur afin de terrifier les méchants?... Ou bien n'était-il pas opportun de dire : en cas de crime avéré, l'aggravation consistera dans l'*irrévocabilité* du châtiment?

« Vous qui êtes tentés de mettre en péril la vie de vos semblables, par haine, cupidité ou vengeance, ont dit en quelque sorte toutes les législations, pesez bien les conséquences des attentats que vous pourriez méditer. Si vous portez un coup mortel, vous risquez de subir une peine irréparable : la mort. Modérez donc vos violences, faites taire vos ressentiments, prévoyez les risques définitifs que vous affrontez, si, après avoir laissé grandir une velléité meurtrière, vous en arrivez à la mettre à exécution. La libération que vous espérez au cas de prison, de réclusion ou de galères, la ruse et l'habileté sur lesquelles vous pourriez compter pour échapper aux sanctions infligées, sont des expédients auxquels il vous faut renoncer, si vous obéissez à votre instinct sanguinaire : œil pour œil, dent pour dent, vie pour vie. Vous voilà avertis : vous encourrez un châtiment irrémédiable. »

Lorsque le grief tiré de l'irrévocabilité de la peine suprême est invoqué pour nous décontenancer, nous nous en emparons pour le retourner contre nos adversaires, et nous disons :

« A l'assassinat irréparable, frappant injustement un innocent, la société répond par un châtiment également irrévocable, infligé au coupable, selon les lois de l'équité. En cela, elle n'obéit point à un mouvement de vengeance : elle accomplit seulement un acte de défense nécessaire. »

J'entends bien que cette nécessité est contestée. Toutefois, à moins de nier l'évidence et de dénier les faits les plus certains, il faut reconnaître que la criminalité a augmenté dans des conditions effrayantes, justement depuis que la guillotine ne fonctionnait plus, et que la clémence présidentielle se substituait aux arrêts de la justice. L'abus du droit de grâce était devenu tel, que les décisions du jury passaient pour chose négligeable. Or condamner à une peine abrogée en fait, est une sorte de mystification.

Briser l'épée d'une justice déjà boiteuse, est un acte antisocial ; et il est regrettable que le sentiment de pitié s'éveille en faveur des coupables, sans penser que la protection des honnêtes gens pourrait être un souci plus opportun et plus moral, somme toute.

La théorie de la peine du talion est, dit-on, une idée désuète ; elle était acceptable dans les législations archaïques, dans les mœurs primitives, soit ! mais il n'y en a pas plus trace dans notre civilisation actuelle que dans nos codes... C'est une erreur. Si par exemple on voit un individu rendre un soufflet en échange d'une gifle reçue, ne dit-on pas instinctivement : « Ils sont quittes » ? Et les proverbes si connus : *par pari refertur...* c'est un prêté pour un rendu, traduisent clairement ce sentiment général de justice naturelle. Nos mœurs ne protestent donc pas contre l'équivalence dans les représailles : au contraire on éprouve une satisfaction intellectuelle non douteuse, en dehors de toute idée de vengeance, en dehors de tout sentiment d'inimitié, quand on constate que le coupable a reçu une correction légitime, en échange de son agression.

Si, d'autre part, j'observe ce qui se passe au prétoire, je constate que la réparation adéquate est mise en pratique chaque jour, dans les tribunaux de tous ordres, et dans l'univers entier. On vous a volé 1.000, 10.000 francs? Le juge condamnera à la restitution des 1.000, des 10.000 francs indûment accaparés.

Dira-t-on que la loi de charité interdit la vengeance?

Nous répondrons que s'il est conseillé au chrétien de ne pas exercer personnellement de représailles, on en excepte cependant le *cas de légitime défense.*

De plus, il est du devoir de la justice de défendre les bons contre les mauvais, d'empêcher les assassins de tuer les honnêtes gens : cette sauvegarde est un des aspects de la charité, et non le moins raisonnable ni le moins intéressant.

Point de doute, la peine de mort est absolument fondée sur le droit de légitime défense, et j'entends le démontrer par des arguments décisifs, si je ne m'abuse.

Un individu décharge sur vous son revolver, et vous manque. Sentant votre vie en péril, vous lui portez, avec votre canne, un coup mortel : c'est bien le cas de légitime défense; et aucun des plus chauds partisans de l'abolition de la peine de mort n'ira à l'encontre.

A cette hypothèse, j'en oppose une autre. Admettons que l'agresseur vise juste, et blesse mortellement... Serait-il judicieux de soutenir que vous aviez le droit de donner la mort, bien que n'ayant pas reçu une égratignure; tandis que la société, prenant fait et cause pour vous, ne serait point autorisée à exercer les mêmes représailles, si vous étiez assassiné?

Bref, lorsque la justice frappe, elle use du droit reconnu à la victime; de plus, elle défend la vie d'autres innocents, qui est menacée par les instincts criminels de l'assassin.

La société a pour mission de représenter et de protéger tous les incapables : mineurs, aliénés, interdits... Or la mort n'est-elle pas le maximum d'incapacité?

Encore si le bagne était une pénalité terrifiante, la gente coupable redouterait plus ou moins d'y aller finir ses jours.

Loin de là !

Le bagne est un pays charmant !

… peut-on dire, en variant quelque peu le chant du *Voyage en Chine*. A tel point qu'au lieu de voir un épouvantail dans l'éventualité de la transportation, les gredins sont autorisés à se dire : « Je vais tenter un mauvais coup ; si je réussis à échapper à la justice, le succès est complet : un moment de honte et de péril est bien vite passé. D'autre part, si je me fais pincer, j'irai là-bas fonder une colonie. Je deviendrai à mon tour propriétaire : j'aurai des domestiques, des employés que je surveillerai de près pour n'être pas volé… En somme, l'expiation sera douce, et je verrai un peu de pays aux frais du Gouvernement. Je n'ai jamais pu me payer de voyage, cela me changera pour un temps. Car enfin, tout espoir de revoir le pays natal ne serait pas perdu. Il n'en manque pas qui reviennent en France graciés, rapportant un joli pécule qui leur permet de s'établir honorablement dans quelque ville, en prenant au besoin un nom d'emprunt pour dérouter tous les soupçons :

et on peut même prétendre ainsi à la considé-
ration publique, ce qui a sa valeur tout de
même. »

Non, certes, elle n'est point effrayante la
perspective du bagne, tel qu'il est organisé
de nos jours. Nous sommes loin de l'époque
des galériens ramant sur les vaisseaux du
roi ; loin de l'époque du boulet rivé au pied,
et du régime de pain noir.

Qu'on en juge :

Au bout de peu d'années le forçat, qui
n'est astreint qu'à huit heures de travail, peut
devenir colon. L'État lui donne un petit domaine, lui paye 3oo francs la case qu'il y
construit, lui fournit d'avance pour de longs
mois nourriture et outils aratoires. Désire-t-il
vivre en famille? On paye le voyage de la
femme et des enfants auxquels on assure de
l'argent de poche (de 25 à 5o francs par
tête). Le régime est celui que très peu d'employés de commerce ou de modestes bouti-
quiers peuvent s'accorder : pain frais et
légumes, viandes variées, café, tafia...

Et pareille expectative serait de nature à dissuader du crime?... Mais une fois condamné
il sera assuré d'un bien-être, d'un confort
dont il était privé tant qu'il restait honnête.
Alors, qui le retiendrait sur la pente du mal?

Qu'a-t-il à redouter, si la guillotine n'est plus à craindre?

Supposons que l'armée des malfaiteurs sache que, sur cent criminels, quatre-vingt quinze auront à rendre compte de leurs méfaits et risqueront d'encourir la peine capitale : ils seront incités à ne pas multiplier leurs agressions.

Si au contraire ils n'ont plus la perspective de cette terrible éventualité, ce ne sont pas les autres sanctions qui les effraieront beaucoup.

Chaque jour, dans les feuilles publiques. ils lisent que la police est depuis des mois sur de fausses pistes ou, ce qui est plus grave, qu'elle n'a pas le moindre soupçon pouvant l'éclairer sur le nom des bandits qui, au cœur de la capitale, ont perpétré les forfaits les plus audacieux. Alors les scélérats se disent : « La profession est bonne, lucrative et sans danger. Allons-y gaiement, et résolument. »

Et c'est ce qui se passe quand l'impunité semble assurée aux meurtres les plus dramatiques, préparés et exécutés avec une mise en scène qui dénonce la dernière audace chez les malfaiteurs.

Il faut donc une mentalité étrange pour juger que le moment est venu d'abolir la peine capitale, et de donner ainsi la quiétude à une légion d'individus qui n'attendent qu'une occasion favorable pour se ruer sur leurs semblables.

Dans un certain monde, il est de bon goût de se moquer de la police, de son impuissance, de sa maladresse, de son « manque de flair »... propos faciles, et j'ajoute : propos injustes.

Ce n'est pas l'intelligence des policiers qui est en défaut; mais c'est le crime qui s'est perfectionné et est devenu « scientifique » en quelque sorte.

Jadis, quand on apercevait sur le lieu du crime un mouchoir, une ceinture, avec initiales révélatrices, on disait, non sans raison : Voilà des signes matériels qui indiquent le nom du coupable; du moins, l'indice peut servir de base à une instruction approfondie.

Aujourd'hui, c'est différent, nous disait un juge d'instruction. Ces signes apparents sont utilisés précisément pour dépister les recherches; et le magistrat « averti » devra conclure *à l'encontre* de l'indice découvert : les initiales, les enveloppes de lettres trouvées dans la maison de l'attentat sont-elles placées dans des conditions apparentes? Vous pouvez en induire que c'est pure manœuvre, et que ces éléments, censés révélateurs, ont été apportés exprès à côté de la victime pour détourner les soupçons, et lancer les limiers sur de fausses pistes. Voyez-vous près de la victime plusieurs verres de vin et une bougie? vous pouvez être presque certain qu'il n'y avait qu'un assassin, et qu'il a frappé en plein jour... et ainsi de suite.

Voilà ce qui arrive dans les cas ordinaires. Mais quelles déductions tirer quand le meurtrier a eu recours à des moyens perfectionnés, *scientifiques*, avons-nous dit?

En pareil cas, l'esprit le plus exercé, le policier le plus fin se trouvera en butte à des difficultés presque insurmontables.

Il y a des poisons subtils, des manœuvres mortelles peu connues, des stupéfiants léthifères auxquels on a pu recourir. Alors trois, quatre, cinq fois, la justice, indécise, ouvre des instructions contradictoires, inconciliables, montrant par là son impuissance à rien découvrir, et révélant ainsi la presque certitude de l'impunité... pour ceux qui sont suffisamment rusés.

Qu'on nous permette ici de donner un détail personnel, qui nous semble tout à fait à sa place.

Il nous souvient d'avoir été chargé par un

de nos éminents Bâtonniers d'assister, devant la Cour d'assises, un certain accusé qui s'était refusé à choisir aucun défenseur, alors que la loi exige la présence d'un avocat devant le jury.

Le personnage dont il s'agit avait trouvé le moyen — les débats l'ont établi — de se faire condamner vingt-six fois. De plus, il avait été l'objet de tant d'ordonnances de *non-lieu*, qu'il semblait avoir échappé à bien d'autres poursuites, à raison de circonstances exceptionnelles, de forclusions imprévues, d'habiletés peu communes.

Or, en recherchant dans les pièces saisies au domicile de l'inculpé, le Parquet avait découvert des liasses de journaux, des collections de romans d'aventures, des répertoires de droit criminel, où les « espèces » étaient annotées de la manière suivante : « truc usé ; cas à utiliser... idée à combiner avec telle autre... »

Cet homme, encore jeune, était un criminaliste de premier ordre et, de plus, un praticien des plus habiles. Il en savait plus long que les avocats, les procureurs, les préfets de police et les juges d'instruction, qui n'ont pour eux que la théorie, et non l'expérience personnelle ! ! !

Cet accusé (le dossier l'a révélé à l'audience) suivait la jurisprudence criminelle avec un intérêt que peu de substituts apportent à cette étude. Il connaissait les nuances de la procédure la plus complexe, les finesses juridiques, j'allais dire les finasseries qui permettent aux aigrefins de côtoyer la loi pénale en évitant maintes poursuites. Il savait que présenter comme étant en or une monnaie de cuivre, est très différent de la remise d'une pièce nettoyée pour lui donner un lustre d'emprunt. Il n'ignorait point que mentir impudemment ne constitue pas une escroquerie quand on n'y ajoute pas un *instrumentum*, venant appuyer et conforter le mensonge, etc.

Oui, autrefois les criminels étaient ordinairement des individus abrutis, stupides et ignorants, qui recouraient à la vie d'aventure, faute, souvent, de trouver le moyen de s'employer utilement.

Aujourd'hui, le gibier de Cour d'assises se compose de jeunes hommes intelligents, instruits, parfaitement capables de gagner leur vie honnêtement, et qui se mettent « dans le crime », comme d'autres se placent dans le commerce ou l'industrie.

C'est une profession lucrative, qui n'exige aucun examen préalable, pas de mise de

fonds, et qui semble devoir être prochaine-
ment à l'abri de toute inquiétude sérieuse,
puisque l'abolition de la peine de mort a
tant de partisans résolus !

Les *erreurs judiciaires*, assure-t-on encore,
sont un grief décisif pour combattre le châtiment suprème.

Nous avons pris la peine de rechercher les
espèces signalées, et nous avons constaté
que, par exemple, certains individus avaient
été exécutés, parce qu'il leur avait plu de se
déclarer *coupables*, alors qu'ils étaient innocents.

Si une personne lasse de la vie, ou désireuse
de détourner de la tète du vrai criminel le
glaive de la loi, assume délibérément la
plénière responsabilité du meurtre auquel
elle est étrangère, est-il sensé d'en faire grief
à la justice ?

Mais Lesurques, ajoute-t-on, n'a-t-il point été
exécuté par suite d'une ressemblance fatale,
qui a égaré complètement les poursuites ?

Le fait est regrettable, certes ; pourtant les
conclusions qu'on en tire sont excessives :
comme tout accusé pourrait prétendre avoir
un sosie, la logique exige-t-elle donc qu'on ne
condamne jamais personne... dans la crainte
de se tromper ?

D'ailleurs, l'argument tiré de l'affaire du
Courrier de Lyon a singulièrement perdu de
sa valeur. Depuis la date de 1796, la procédure criminelle a été entourée de garanties,
de précautions telles, que les causes d'erreurs
matérielles sont presque du domaine de la
légende.

Avant d'exécuter un condamné, il y a la
procédure de la police, celle du juge d'instruction ; les constats et les vérifications de la
chambre des mises en accusation ; les débats
publics et contradictoires devant les jurés en
présence de la Cour ; sans parler du contrôle
minutieux de la presse pour la recherche de
la vérité intégrale.

Autre grief : la guillotine tranche la tête,
mais n'améliore pas le cœur.

Peut-on imaginer une personne mieux
documentée sur la peine de mort, plus exactement renseignée sur l'état d'âme des condamnés, qu'un aumônier de prison, ayant
cent fois accompagné à l'échafaud les suppliciés, dont il a recueilli les impressions
dernières ?

Eh bien, nous avons entendu, de la bouche
même de l'abbé Crozes, des appréciations
aussi suggestives que formelles. La peine
capitale était considérée par lui comme une

sauvegarde nécessaire, un châtiment juste et moralisateur dans l'ordre social. Et au point de vue religieux, qui le préoccupait avant tout, l'aumônier de la grande Roquette estimait que dix-neuf fois sur vingt, le repentir se faisait jour dans les âmes des coupables, alors même que, par suite d'une certaine forfanterie, ils montaient à l'échafaud l'air narquois, et la cigarette aux lèvres. Pareille attitude, prise souvent pour du cynisme, était une forme de bravoure devant le couperet fatal, et elle n'excluait pas la sincérité des regrets exprimés dans le secret des confidences dernières.

Cette opinion concernant la moralité de la peine de mort a été partagée par les autres prêtres chargés d'assister les condamnés. et en particulier par M. l'abbé Valadier, qui n'a pas caché son sentiment à cet égard.

Voilà des témoignages que nous oserons opposer, en toute confiance, aux opinions inconsidérées, et aux allégations gratuites des politiciens en quête de réclame électorale.

Plusieurs fois, nous trouvant en présence de personnages appartenant à la catégorie des ardents abolitionnistes, nous avons procédé à la vérification suivante, qui présente un intérêt extrême.

« Si on attentait à votre vie, leur disions-nous, vous jugeriez immoral et scandaleux que le ministère public réclamât au prétoire l'expiation suprême? Vous pousseriez vraiment jusque-là votre logique sentimentale? »

Invariablement nos adversaires, pour avoir leur mot bon, répondaient d'un ton dégagé qu'ils resteraient ennemis de la peine de mort, même si eux ou ceux qui leur sont chers avaient été l'objet d'un attentat...

Mais invariablement aussi, nous nous sommes trouvé en présence d'une échappatoire plus ou moins habile pour se dérober, quand, poussé à bout par la tenacité d'une affirmation évidemment peu sincère, nous demandions à nos interlocuteurs de vouloir bien *écrire* ce qu'ils déclaraient, et de compléter par leur signature... la parole d'honneur généreusement donnée à l'appui de leur dire.

Et nous avons pu ainsi constater ce que valait leur profession de foi humanitaire.

« Alors pourquoi ne rétabliriez-vous pas la torture, disent ironiquement certains contradicteurs : la peine serait plus terrifiante encore! »

L'argument n'est guère judicieux. En effet,

on ne se propose pas de faire souffrir les coupables, dans un but de méchanceté ou de vengeance, ce qui serait mal. On a seulement le souci de sauvegarder les honnêtes gens.

Or, comme, une fois supprimé, le coupable ne peut plus faire de mal, on aurait tort de lui infliger préalablement des douleurs, des tortures inutiles : ce serait cruauté pure.

Allons plus loin, et disons que nous sommes les premiers à souhaiter que l'exécution présente le minimum de souffrance, ce qui scientifiquement, peut être l'objet de recherches spéciales et opportunes : la justice et la défense sociale n'en seront point amoindries.

Mais abolir la peine de mort serait une injustice à l'égard des bons citoyens, qui ont le droit d'être protégés. C'est même pour cela qu'il existe des magistrats, une police et un gouvernement.

J'entends bien que les politiciens, qui ne font pas toujours besogne très honorable, aiment mieux n'avoir pas contre eux les bandits : l'excuse est insuffisante. La Société doit défendre les individus lésés ou menacés, à peine d'abdiquer sa mission vraie et sa principale fonction.

Pour nous, c'est avec joie que nous applaudirions à la suppression de la peine capitale[1], si les meurtriers renonçaient à attenter à la vie des honnêtes gens.

C'est vers ces derniers que va notre pitié et notre sollicitude : nous l'avouons hautement, sans nulle hésitation; estimant que la meilleure manière d'exercer l'humanité est encore de songer au sort des victimes, bien plutôt qu'à celui des assassins... si intéressants qu'on les suppose.

[1] On connaît le mot fameux d'Alphonse Karr au sujet de l'abolition de la peine de mort: « Messieurs les assassins, commencez vous-mêmes! »

CHAPITRE PREMIER

COUP D'ŒIL HISTORIQUE SUR L'HOMICIDE ET LE MEURTRE

La vengeance aux premiers âges. — Modalités de la loi du talion. — L'homicide en Grèce : la loi de Rhadamante. — Maléfices mortels des Romains. — Le prix du sang chez les Barbares : curieuses compositions de la loi salique. — Tarif des blessures chez divers peuples. — La première loi contre le meurtre. — Ce que valait la vie chez les Goths et dans la législation grusinienne (Russie). — L'image de la Vierge et le prétendu droit de vengeance. — Anciennes coutumes de l'Irlande en cas de meurtre : lettre de saint Patrice. — L'homicide et les blessures devant les juridictions d'Eglise. — Quels étaient les droits des évêques sur les clercs? — Analyse des pénalités ecclésiastiques : excommunication, peines publiques, pèlerinages, jeûnes... Description du cérémonial de l'anathème. — Des différentes classes de pénitents. — Pouvait-on excommunier pour des motifs humains? — Ce qu'il faut entendre par l'*excommunication des animaux :* textes et « sentences de mort ». — Le droit d'asile et l'homicide. — La fiction du temple ambulant et les coupables...

Après avoir étudié et discuté la question de la peine capitale telle que la conçoivent nos contemporains, nous nous proposons de donner, dans cet ouvrage, un exposé général de ce qu'on peut appeler l'histoire sanglante de l'humanité, en nous référant aux documents historiques et juridiques les plus rares et les plus certains.

I. A l'état de barbarie, à l'époque où le régime de la concurrence vitale existait, non seulement entre les animaux, mais encore en quelque sorte d'homme à homme, la force individuelle apparaît comme ayant été le seul moyen originaire de repousser les agressions.

N'étant défendu par aucune organisation sociale, l'homme primitif *se fait justice* à lui-même; et, suivant en cela un sentiment instinctif, il exerce à l'égard de quiconque l'offense une *vengeance* disproportionnée et même sans mesure. L'inclination naturelle ne porte-t-elle pas à repousser l'outrage par les coups, et les coups par une atteinte mortelle?

Oui, bien des fois, chez des natures violentes, comme furent celles des premières tribus, le meurtre immédiat dut être la réponse directe à une simple offense.

Ainsi se comporte le sauvage quand il a été volé ou maltraité par quelque indigène de son voisinage : ne pouvant facilement se faire rendre justice, il tue son ennemi pour avoir la sécurité.

Dans les plus anciens documents du droit hindou, on retrouve ce sentiment ; on y voit que la violence est permise pour protéger les intérêts sacrés et pour assurer sa propre vie.

Là se trouve une application du droit primordial de *légitime défense*, à défaut d'autre sauvegarde.

Quand les sociétés commencent à s'organiser, des lois positives interviennent alors, pour *limiter* la vengeance à une peine exactement égale au préjudice causé. Aux représailles sans mesures, la *loi du talion* pose en effet le principe suivant, qui, malgré sa dureté, constitue un progrès indéniable : « Œil pour œil, dent pour dent, plaie pour plaie, brûlure pour brûlure, vie pour vie [1]. »

Cette loi du talion est la première restriction apportée à la sauvage passion de vengeance, que les poètes païens ont glorifiée comme étant le « plaisir des dieux ».

Moïse a formulé un ensemble de dispositions relatives à l'homicide et à ses modalités [2]. L'attentat contre la vie était réputé inexcusable, et le temple de Jérusalem lui-

---

[1] ... Oculum pro oculo, dentem pro dente..., animam pro anima exiges. (*Exode*, xxi ; *Deuter.*, xix.)

[2] *Exode*, chap. xxi, v. 12 à 3o.

même ne pouvait être un asile protecteur contre le meurtrier [1].

Dans l'Ancien Testament la peine du talion se rencontre en maintes circonstances : mais dès que le Christianisme apparaît, l'influence de l'esprit de charité se fait sentir. Enfin, peu à peu, les peuples adoucissent leurs mœurs, et l'on voit se généraliser la théorie de l'indemnité ou « composition », qui remplace les peines corporelles par une pénalité pécuniaire variable.

Sans doute cette compensation substituée à la violence particulière était pratiquée depuis longtemps à Rome, comme chez les Germains ; mais l'Église, la trouvant plus humaine, la favorisa de mille manières et contribua puissamment à la diffuser dans le monde.

En résumé, à la *vengeance* individuelle et arbitraire, a succédé une vengeance restreinte ou loi du *talion*, qui bientôt s'est transformée en une somme d'argent connue sous le terme générique de *composition* [2] dont nous allons parler.

[1] Ab altari meo evelles eum, ut moriatur. (*Exode, loc. cit.*)

[2] L'étymologie du mot *composition* se trouve dans l'expression latine *componere* qui signifie « s'entendre, entrer en arrangement avec la partie lésée ». La locution « amener quelqu'un à composition » n'est qu'un souvenir évident des anciens usages.

Ce n'est point encore la *poursuite d'office*, au nom de la morale publique offensée; néanmoins, ce sont déjà d'utiles sanctions, qui, de loin, préparent l'œuvre des législateurs modernes.

Dans la Grèce primitive, la poursuite de l'homicide volontaire n'incombant pas à l'autorité, la guerre de famille à famille remplaçait les jugements des tribunaux. Ce mode de répression était si dangereux, si inégal, que l'on se trouva dans la nécessité d'y substituer une transaction, par laquelle les parents s'engageaient à respecter la vie et les biens du coupable, à condition que celui-ci payât des dommages-intérêts.

Homère en parle comme d'une habitude ordinaire. Décrivant l'une des scènes du bouclier d'Achille, le poète s'exprime ainsi : « De violents débats s'élèvent dans la foule : *il s'agit du rachat d'un meurtre.* L'un dit avoir versé le prix du sang, l'autre nie l'avoir reçu. » L'*Iliade*[1] et l'*Odyssée*[2] rappellent maintes fois ce marché appelé ποινή.

Le paiement se faisait soit en or, soit en nature, et c'est seulement en cas de contes-

---

[1] *Iliade*, xviii, 497; ix, 632.
[2] *Odyssée*, xxiii, 35; viii, 329.

tation sur la qualité de l'amende que le magistrat intervenait; autrement dit, la justice statuait non sur le méfait, mais sur la somme demandée par la partie civile, comme nous dirions de nos jours.

M. Dareste nous apprend que le parent le plus proche avait le droit de réclamer l'argent, à l'exclusion des autres parents qu'il primait, comme en cas de succession. Lorsque la victime n'avait point de famille, dix concitoyens la représentaient et agissaient en son lieu et place, pour que le meurtrier ne demeurât point impuni.

Plus tard l'*homicide* accidentel fut, chez les Athéniens, puni d'un an d'exil; en cas de *guet-apens*, on méritait la peine capitale. Trois tribunaux différents jugeaient les homicides : le Palladium statuait sur les morts involontaires; le Delphinium sur les homicides volontaires excusables, tels que les cas de légitime défense; enfin l'Aréopage connaissait du crime d'assassinat.

Le droit de légitime défense s'appelait en Grèce « loi de Rhadamante[1] ». Le grammairien Apollodore nous raconte à ce propos une singulière vengeance d'Hercule. D'après

___

[1] V. Apollodore dans son livre *la Bibliothèque*.

lui, Hercule, voulant apprendre à jouer de la lyre, était allé à Thèbes demander à Linos, frère d'Orphée, des leçons de musique. Un jour, impatienté sans doute par les distractions ou les maladresses de son élève, qui montrait plus de dispositions pour les luttes violentes que pour l'art musical, Linos lui infligea une rigoureuse correction. Enflammé de colère, Hercule saisit sa lyre, et, dit la légende, en frappa si violemment son maître qu'il le tua sur le coup. Poursuivi sous l'accusation de meurtre, il allait être condamné, lorsqu'il eut l'idée d'invoquer la loi de Rhadamante rappelée par Apollodore dans les termes suivants : « *Que l'homme qui a puni celui qui l'irritait, soit innocent !* » Ce moyen de justification, ou plutôt d'excuse absolutoire, ayant été accueilli par les juges, Hercule fut acquitté.

C'est à Numa Pompilius qu'on attribue la première loi romaine relative à l'homicide ; et tandis que la *composition* était permise pour vol, incendie ou injure[1], elle n'était point autorisée quand il y avait eu mort d'homme.

En principe, le meurtrier était condamné

---

[1] Liv. 17, 7, § 5. *Digeste de Pactis*, 11, 14.

au dernier supplice[1], si toutefois la victime était un homme libre. Quand l'homicide résultait d'une imprudence, il fallait immoler un *bélier* comme expiation religieuse et sociale, mais il n'y avait point de poursuites : c'était un malheur, non une faute. A partir de Tullus Hostilius, le coupable est pendu à un arbre, après avoir été fustigé en public.

La loi des XII Tables et d'autres encore qualifient de parricide (le mot est à noter) tout homicide commis sur une personne de condition libre.

De plus, d'après cette loi, il y avait même parricide, au sens juridique, si l'on avait eu recours à des actes de *sorcellerie*, à des sacrifices impies[2], *à des imprécations*[3] *capables d'amener la mort de quelqu'un*. Tel fut, par exemple, le *malum carmen*, le maléfice, qu'on accusa Pison d'avoir employé pour assurer le succès de l'empoisonnement de Germanicus, ainsi que le rapporte Tacite[4].

D'après ce dernier, on pouvait commettre

---

[1] *Code Papirien*, lois des XII Tables : « Si quelqu'un tue volontairement un homme libre, qu'il soit puni de mort. »

[2] Mala sacrificia, impia sacra.

[3] Malum carmen, diræ præcationes. Voici le texte de la loi des XII Tables : Qui malum carmen incantassit, malum venenum faxit..., parricida esto.

[4] *Annales*, II, 69.

un homicide en dénonçant la victime aux mânes infernaux, « en l'envoyant aux démons » par des sortilèges d'une certaine nature.

En l'an de Rome 671, la loi Cornélia, *de Sicariis*[1], établit des distinctions : les citoyens illustres coupables de meurtre étaient déportés ; ceux de classe moyenne, décapités ; et les gens du peuple, *mis en croix, puis livrés aux bêtes*.

La mise en croix n'était pas l'expiation suprème, mais une peine infamante accessoire, une sorte de gibet d'ignominie que plus tard, par respect pour le mystère de la Rédemption, les empereurs chrétiens remplacèrent par des fourches auxquelles on attachait le patient[2].

Il est manifeste que ce que nous voyons de notre temps ne donne aucune idée de la manière dont était organisée la justice des *peuples barbares*. Deux catégories seulement de criminels, dit Tacite, étaient punis par les Germains, au nom de l'ordre public : *les*

---

[1] Paul, *Sentent.*, liv. V, titre 33, § 5. Le mot *sicaire* vient de *sica*, petite épée recourbée comme un poignard, qu'on pouvait dissimuler dans les plis de sa robe.

[2] *De pœnis*, liv. XXVIII.

traîtres étaient pendus, et les poltrons noyés.

L'atteinte portée soit à la propriété, soit à la vie des citoyens apparaît aux peuples civilisés comme un trouble grave, intéressant la société entière. Or les vieilles tribus germaniques ne les jugeaient point ainsi. Un homme était-il blessé ou tué? L'auteur du méfait n'avait à redouter aucune poursuite de la part de la justice : ce n'était qu'un délit privé. La société n'avait rien à dire, rien à faire; seule la famille jouissait de la faculté de protester et d'agir. Mais du moment que l'on était tombé d'accord sur l'indemnité ou composition à payer aux héritiers, tout était fini et la sanction épuisée.

Qu'il s'agît d'atteintes contre la personne ou contre les droits de l'individu, la théorie restait la même. Il appartenait à chacun de protéger et son corps et ses biens pour son propre compte, et à ses risques et périls; à chacun de se venger « par force ouverte, de l'offense reçue ou du préjudice subi ». Aussi rien n'était-il plus fréquent, rapportent Velleius Paterculus[1] et Pomponius Mela[2], que de voir les Germains, à défaut de justice sociale, résoudre, les armes à la main,

[1] Liv. II, c. xviii.
[2] Liv. III, 2.

même les contestations civiles et les plus vulgaires questions de propriété.

Le *prix du sang*, ou satisfaction, s'acquittait souvent en nature par l'abandon de plusieurs pièces de bétail[1]; en sorte que, moyennant le sacrifice de quelques moutons par exemple, il était loisible de se débarrasser à bon compte d'un ennemi, d'un rival ou même d'un parent importun.

Le taux de la composition qui, selon l'expression de Tacite, « empêchait les haines de devenir éternelles », était malheureusement l'occasion de marchés honteux et de spéculations scandaleuses, à cause de l'âpreté des héritiers; et comme ceux-ci avaient même un intérêt précuniaire à voir sacrifier leur auteur, on dut réglementer ces transactions pénales, admises par tous les peuples d'origine germanique.

Le défaut d'uniformité dans les tarifs avait sa raison d'être, chaque tribu réglant les indemnités d'après les richesses locales, et aussi d'après le rang social attribué à la fonction de celui qui était frappé.

Donnons quelques chiffres relevés dans les différentes lois barbares :

---

[1] Luitur etiam homicidium certo armentorum ac pecorum numero. (*De more Germ.*)

Le meurtre des hommes d'Église était ainsi taxé : pour un *évêque*, chez les Francs Ripuaires : 900 sous d'or (*solidi*); chez les Allemands : 960 sous, autant que s'il s'agissait d'un duc; — pour un *prêtre* chez ces divers peuples : 600 sous comme pour un comte; — pour les *diacres* et *sous-diacres* : 500 et 400 sous.

On cotait les artisans et les industriels d'après l'importance de leur métier et de leur art : un esclave bourguignon, *ouvrier en or*, valait 150 sous; 100 sous s'il ne travaillait que l'*argent*; 55 sous s'il était *messager* ou *serviteur*; 50 sous s'il s'occupait à la forge.

En descendant plus bas dans l'échelle sociale, le chiffre diminue à proportion : ainsi le *berger* allemand qui surveillait quatre-vingts moutons, le *maréchal* qui soignait douze chevaux, le *cuisinier chef* (aidé au moins d'un jeune marmiton), et le *pâtre* qui gardait quarante pourceaux étaient réputés égaux; on estimait que la vie de chacun d'eux valait seulement 40 sous.

La loi des Frisons consacrait la vengeance arbitraire de la famille, sauf toutefois deux restrictions qui méritent d'être rapportées : 1º le coupable dont on avait juré la mort ne pouvait être [attaqué *chez lui;* et 2º on eût violé la loi en le frappant *pendant qu'il se rendait à l'église ou au tribunal.*

On avait le droit de le tuer, mais non d'entraver l'exercice de sa foi ou l'œuvre de la justice.

Les *coups de bâton* chez les Frisons étaient d'un bon marché exceptionnel : quand il n'y avait pas effusion de sang, c'était un demi-sou de composition; dans la loi salique, le coût était de 15 sous, si le sang avait coulé, et de trois sous seulement pour les coups de bâton moins violents.

La loi saxonne estimait à six schellings *quatre dents cassées* sur le devant de la bouche, et à trois schellings une *déchirure au nez.*

Les idées germaniques sur le *droit de vengeance privée* aboutissant à une sanction pécuniaire se retrouvent dans la loi salique, qui prévoit les moyens de régler les cas de meurtres les plus odieux, au moyen d'un simple pacte[1].

La seule intervention de l'autorité consistait à toucher au nom du fisc, dit Tacite, une partie de l'argent[2], soit ordinairement un tiers.

---

[1] Homicidii compositio.
[2] Partem mulctæ.

La part de la victime s'appelait *faida*[1], et celle du fisc le *fredum*[2], les *freda*. Le magistrat local percevant le fredum pour les seigneurs, ou aussi pour son propre compte en vertu d'une délégation supérieure, avait, surtout dans ce dernier cas, grand intérêt à conserver la pratique des transactions, car il touchait le fredum sans même avoir à juger le débat; et si les intéressés transigeaient en dehors de lui pour frauder le fisc, le magistrat pouvait alors déclarer nul le pacte intervenu, afin de recouvrer la part fiscale dont il avait été frustré.

Plus tard en France le magistrat aura droit, comme profit de sa charge, à une certaine rémunération, qui portera le nom d'*épices*.

Empruntons un exemple aux législations modernes pour bien mettre en relief ce qu'étaient « la faida et le fredum » chez les Barbares en cas d'homicide volontaire. Supposons que, de nos jours, une personne soit blessée par suite d'une tentative de meurtre : elle aura d'abord le droit de provoquer le châtiment du coupable, et de plus celui de réclamer des

---

[1] Du vieux mot allemand *Fehde*, guerre, querelle.
[2] De *Friede*, paix. — L'indemnité proprement dite réglait la *querelle* entre les parties ; et la part du fisc assurait l'intervention de l'autorité pour, au besoin, faire respecter la *paix* conclue.

dommages-intérêts en se portant partie civile. De leur côté, les juges condamneront à une peine corporelle, et à une amende au profit de l'État.

Eh bien, l'indemnité correspond à la *faida* et l'amende au *fredum* de la loi salique.

Mais si le blessé ou sa famille ne réclame pas d'argent, et même ne porte pas plainte, notre Ministère public pourra néanmoins et, qui plus est, devra prendre des réquisitions pour faire poursuivre l'agresseur, fût-ce malgré la victime qui, par crainte ou par bonté, voudrait pardonner. Or voilà ce qui n'existait à aucun degré dans les tribus germaniques : la vindicte publique, selon le terme consacré, y fut inconnue; et le meurtre même n'était pas punissable au nom de la morale.

Dans de précieux manuscrits [1], qui résument les compositions disséminées dans la loi salique, on voit un tarif variant selon les divers cas de mort énumérés par le législateur.

Nombre de reproductions fantaisistes ont été données des dispositions de la loi; quant à nous, c'est sur les textes les mieux vérifiés

---

[1] V. Pardessus, 349, *Loi salique*.

que nous avons recueilli les indications qui vont suivre :

Pour meurtre d'un Romain tributaire : 45 sous, — ... d'un Romain libre : 100 sous, — ... d'un convive du roi : 150 sous.

Pour *infusion empoisonnée* donnée en breuvage [1] ou pour une jeune fille mise à mort [2] : 200 sous.

Pour meurtre, soit *d'un enfant ayant des cheveux*, c'est-à-dire déjà grand [3]; soit de l'hôte que l'on recueille sous son toit; soit enfin d'un grafion ou comte, chef de province : 600 sous.

Pour la mort d'une jeune mère de famille : 700 sous : pour celle d'un antrustion [4], 1.800 sous.

En général, la somme était triplée en temps de guerre, les agressions étant alors plus blâmables que jamais.

Comme la vie, les *blessures* avaient aussi leur estimation dans la loi salique : ainsi le tarif attribuait 15 sous d'or à raison de la perte du doigt médius ou du petit doigt [5], —

---

[1] Si quis alio herbas dederit bibere ut moriatur.
[2] Si quis puellam ingenuam occiderit.
[3] Puerum crinitum.
[4] Ce mot désigne un Franc, faisant partie de la *trust* ou compagnie particulière du roi.
[5] ... mediano aut minimo dido (*dido* pour *digito*).

35 sous pour une *oreille* coupée ou l'*index* mutilé, car il servait à tirer de l'arc, *unde sagittatur*, — 45 sous pour ablation du pouce ou blessure soit à la main soit au nez, *si quis nasum capulaverit*, — 100 sous pour avoir arraché la langue, c'est-à-dire juste autant que pour un infanticide.

C'est seulement, en effet, quand l'enfant comptait quelques années, quand il avait des cheveux, comme nous l'avons vu (*crinitus*), que l'on jugeait utile d'édicter, pour protéger sa vie, une amende de 600 sous.

Il est vraisemblable que tout méfait quelconque était réprimé selon des tarifications locales.

Dans les textes divers que nous avons sous les yeux, on lit des particularités comme celle-ci : telle composition était due si l'on maraudait dans le champ du voisin, si l'on volait un *agneau* ou un petit porc[1]. Dans ce dernier cas, la peine était d'un sou ; mais elle était triple si l'on enlevait une truie ayant du lait[2].

Enfin « si l'on coupait les cheveux d'un

---

[1] *Procellum* pour *porcellum*

[2] Le texte parle du pourceau *lactantem*, et non *lactentem ;* il ne s'agit donc pas d'un jeune porc allaité, mais d'un truie nourrissant ses petits, ce qui augmente la valeur de l'animal.

enfant sans l'autorisation des parents[1] », on devait 45 sous à la famille, juste le prix d'un nez coupé. A la différence de l'appendice nasal, la chevelure pouvait repousser. Pourquoi donc cette sévérité? La raison se trouve dans la grande estime qu'avaient les Francs pour les chevelures longues et abondantes, glorieux ornement des guerriers, alors que les esclaves, eux, étaient rasés ignominieusement.

L'argent de la composition était au besoin fourni par les parents. Comptait-on dans sa famille des individus haineux, batailleurs, vindicatifs? on pouvait craindre d'être un jour ou l'autre forcé de constituer ou de parfaire le prix de la transaction exigée pour une violence commise.

Cette solidarité passive qui obligeait la famille du meurtrier à payer pour lui, porte, au chapitre LXI de la loi salique, le nom de Chrenccruda[2] : elle fut abolie par Childebert II, qui décida que le meurtrier devrait à l'avenir payer seul la composition de son crime[3]. Toutefois cet usage a persisté jusqu'au treizième siècle dans le Hainaut[4].

[1] Si quis puerum crinitum totunderit sine consilio parentum, solidis XLV culpabilis judicetur.
[2] Ou *chrenechrunda*.
[3] Edit de 595
[4] Voir arrêt du Parlement de 1278, *Olim*, II, 482.

Il existait cependant un moyen de se mettre à l'abri des réclamations, en *se retranchant* de la famille du coupable et en la reniant devant tous. Voici la curieuse formule qu'imposait la loi en pareil cas : « Si quelqu'un veut *renoncer à sa parenté*, qu'il se rende à l'assemblée publique ; et que là, en présence du magistrat, *il rompe quatre bâtons de saule sur sa tête*[1] ; qu'il les jette ensuite dans le champ de l'assemblée, et qu'il dise : Je me sépare de ma parenté... »

En conséquence de cette renonciation, il n'avait rien à payer aux héritiers de l'assassiné ; mais, par contre, si dans la suite un de ses parents mourait ou était tué, il ne recevait rien de son héritage, ni de la somme versée par le meurtrier ; et si lui-même était tué ou mourait, sa composition ou son héritage n'appartenait point aux siens, mais au fisc, ou à qui le fisc l'adjugeait.

On sait que la loi romaine, sans tenir compte des liens du sang, permettait aussi d'exclure certains membres de la famille par une procédure que rappelle celle usitée chez les Francs.

---

[1] Quatuor fustes salicinos super caput suum frangere debet. (LX : De eo qui se de parentibus tollere vult.) Manuscrit de Munich. V. Pardessus, *Loi salique*, 216.

Le simple préjudice matériel, en dehors même du délit, était un motif pour « composer ». Quand un bœuf ou un cheval avait écrasé ou blessé un passant, le propriétaire devait la moitié de la composition, et il abandonnait l'animal comme indemnité pour la seconde moitié. (*Loi salique*, XXXVI.)

Dans le droit germanique, dans celui de l'époque franque, la somme due par l'auteur d'une voie de fait est le Wehrgeld, nom de la « composition » chez les Allemands.

Celui qui n'acquittait pas l'amende encourue était déclaré Wargus (hors la loi), et quiconque le rencontrait avait le droit de le mettre à mort. Quelquefois aussi, notamment en cas d'insolvabilité frauduleuse, il était livré à la famille de la victime, qui se vengeait, comme bon lui semblait, par des représailles impitoyables.

C'est seulement en 532, qu'au nom de la sécurité publique, la peine capitale fut prescrite par Childebert contre les meurtriers [1]; et, après lui, chaque législateur se fit un strict devoir de punir les entreprises contre la vie des citoyens.

Une ordonnance de 1557, renchérissant

---

[1] Baluze, 1-17. — Voir aussi les ordonnances de 1530 et l'édit de 1547.

même sur la rigueur des lois antérieures, défend d'accorder aucune lettre de grâce en cas d'homicide, tant le nombre des attentats s'était multiplié.

Quand on étudie les coutumes de la Gothie [1], on y trouve un tableau instructif, qui permet d'apprécier comment, au treizième siècle, les hommes du nord taxaient les étrangers victimes de violences dans leur pays [2].

Ainsi la vie d'un Suédois valait, d'après l'échelle des amendes, 13 marks, — celle d'un Danois ou d'un Norvégien, 9 marks, — celle d'un Anglais, 4 marks seulement : ils sont assimilés en quelque sorte aux esclaves dont la vie était cotée 3 ou 4 marks, selon leur force ou leur talent.

L'homicide par imprudence était l'objet de dispositions diverses. — Blessait-on mortellement avec une arme? écrasait-on quelqu'un par la chute d'un arbre?... L'amende

[1] Partie méridionale de la Suède. Pareille coutume se retrouvait en Ostrogothie, Vestrogothie et à Gottland.

[2] L'amende *œttarbot* payée par la famille du meurtrier était partagée entre les héritiers du défunt jusqu'au sixième degré. « C'est dans un sens analogue qu'il faut comprendre le mot de Tacite : « Recipit satisfactionem universa domus. » (*De more Germ.*, 21.) Si la famille acceptait le marché, la dette du sang était acquittée.

était de 9 marks. — Un passant tombait-il sous la roue d'un moulin qui le broyait? Le meunier devait 3 marks. — Mourait-on dans un *piège à ours* ou par súite des coups de *corne* d'un taureau ou des *morsures* d'un chien? Le propriétaire payait 3 marks.

Une particularité du *Codex antiquior* [1] est à raconter.

Si quelqu'un était tué dans une salle de banquet, les convives avaient le choix entre livrer le meurtrier, ou verser une amende de 9 marks : en vertu du principe de responsabilité collective, chacun devait contribuer pour sa quote-part à réparer le scandale qu'il aurait dù prévenir [2].

Ainsi en est-il de nos communes par exemple, que la loi déclare responsables du préjudice porté, et des violences commises sur leur territoire par des attroupements.

En Géorgie, ou Grusie des anciens Russes [3], on calculait aussi les sommes d'après la gravité des cas. L'indemnité maxima était due pour le meurtre; venait ensuite la proportionnalité suivante : « Un tiers de la taxe pour

----

[1] *Codex antiquior juris Vestrogotici.*
[2] *Nouv. Rev. Hist. Dr.*, 215, 1887.
[3] La Géorgie, province méridionale de l'Empire russe, au sud du Caucase, dite aussi gouvernement de Tiflis.

une main, — un quart pour un œil, — la moitié pour les deux yeux, les deux mains ou les deux pieds, — un sixième pour le pouce, — un neuvième pour les autres doigts, — un cinquième si la blessure laissait des traces ineffaçables.

Chez les Ossètes comme en Géorgie et dans d'autres régions du Caucase, l'importance des blessures s'estimait en prenant *la longueur d'un grain d'orge, comme mesure*[1].

Les coups ou blessures portés sur le corps aux endroit couverts par le vètement (des coups de poing, par exemple) étaient considérés comme de simples injures verbales s'il n'y avait pas brisure du membre[2]; même disposition si les dents cassées étaient *canines* ou *molaires* »; on devait le double, « en cas de bris d'une dent *incisive* ».

La poursuite en paiement du prix du sang appartenait à la famille, et tant que la réparation n'avait pas été acquittée, la vengeance était licite. Toutefois, d'après une disposition charmante[3] de la loi grusinienne, *la faculté*

[1] Dareste.
[2] Le taux de l'injure était de 3oo pièces d'argent, de 15o ou de 3o seulement, selon qu'il s'agissait d'une victime « illustre, moyenne, ou populaire ».
[3] *Corpus juris Georgici.*

de la vengeance était suspendue par la présence d'un prêtre, portant l'image de la Mère de Dieu[1].

Devant la figure de la Vierge douce et clémente, les représailles eussent été une profanation sacrilège : pareille évocation pieuse devait éveiller dans les âmes une pensée, non point de haine vindicative, mais de charité et de pardon.

En cas de crime, la loi suédoise permettait au plus proche héritier de la victime de tuer le meurtrier pris en flagrant délit, ou même dans les vingt-quatre heures après l'attentat; une fois ce temps écoulé, le droit de vengeance directe prenait fin, et le crime devait être dénoncé à l'Assemblée du peuple appelée *ting*, et composée d'au moins six jurés.

Le coupable était alors mis en demeure, ou d'avouer sa faute ou d'en référer au roi, dans ce dernier cas, la loi lui accordait le délai d'un mois pour aller trouver le souverain, « plus quatorze nuits pour revenir ».

L'histoire judiciaire de l'ancienne Irlande apprend que le *prix d'un homme*[2] était de valeur *invariable*, contrairement à ce qui se

[1] Dar., *loc. cit.*
[2] Pretium hominis. V. M. d'Arbois de Jubainville, *sur le Senchus Mor.*

voyait dans les autres pays ; et même, dans l'usage, ce prix déterminé servait d'*unité* pour estimer une propriété quelconque.

On disait : *Tel bien vaut tant d'hommes*, comme les anciens pasteurs disaient : « Mon champ vaut tant de brebis. »

Le « prix de l'honneur », en cas d'outrage, s'estimait séparément.

Que valait donc alors un homme, commercialement parlant, si l'on peut s'exprimer ainsi ?

Dans la langue du droit irlandais, le prix d'un homme correspondait à celui de *sept* femmes esclaves, *chaque femme ayant la valeur de 3 bêtes à cornes* (sic).

Par plusieurs fois les textes reviennent sur cette étonnante estimation comparative. En sorte qu'en Irlande la vie d'un homme (prise comme monnaie de compte) équivalait à *sept esclaves, ou à* 21 *bêtes à cornes.*

Ce tarif extraordinaire, appelé aussi « prix du corps », était si couramment admis, que, dans son manuscrit[1], le célèbre apôtre de l'Irlande au cinquième siècle, voulant, pour stimuler la charité des fidèles, donner une idée des aumônes distribuées par ses mains

---

[1] *La Confession de saint Patrice.*

aux Irlandais indigents, déclare avoir réparti en subsides le *prix de quinze hommes.*

Or si l'on applique la théorie du tarif légal, on voit que saint Patrice avait remis aux pauvres une somme correspondant à la valeur de 315 bœufs, ou quinze hommes[1].

De même que l'Église multipliait les jours chômés pour augmenter les heures de repos en faveur des serfs, de même elle imagina l'expédient des *trêves* en vue de *diminuer le nombre des jours homicides;* donnons une courte explication.

Les guerres privées, luttes fratricides continuelles, décimèrent peut-être plus le peuple que les grandes entreprises extérieures. A une époque où la force réglait seule les litiges entre les seigneurs que l'autorité du roi était impuissante à dominer, tout conflit entre princes voisins, souvent même toute contestation ou offense entre nobles châtelains, se terminaient les armes à la main, c'est-à-dire dans le sang.

En vain Charlemagne, par un capitulaire de 802, légiféra-t-il contre ces luttes intestines, que la féodalité considérait comme un droit inhérent à son existence même; ses efforts furent impuissants.

______

[1] Censeo non minus quam pretium quindecim homi. num distribuisse, dit saint Patrice.

L'abus persistant quand même, et la vie humaine étant sacrifiée autant par gloire que par intérêt, l'Église, pour conjurer le mal grandissant, ou du moins *réduire* le plus possible les entreprises meurtrières, imagina la suspension des hostilités durant les jours consacrés à quelque solennité religieuse : *Avent, Carême, Quatre-temps, Dimanches* et *Vigiles.*

Après des siècles d'anarchie, de surprises, de déprédations et d'embuscades, les évêques provoquèrent donc sur tous les points des Assemblées, en vue de mettre fin à ces luttes sanglantes, et de poser, comme règle générale, la cessation des hostilités privées dans un désarmement temporaire : telle fut l'origine de la *Paix de Dieu,* qui devint la *Trêve de Dieu,* en 1041.

Sous l'empire de cette trêve que l'Europe accepta en partie, il fut admis que, *pendant deux cent trente jours* par année, il ne serait pas loisible de commettre l'homicide.

Les seigneurs, voyant là une atteinte directe à « leur droit de bataille », protestèrent contre ces restrictions, et plusieurs refusèrent de s'y soumettre.

Sous saint Louis fut rendue une Ordonnance, dite de *Quarantaine* (1245), aux termes de laquelle il était prescrit que, durant les quarante jours qui suivraient l'offense, il y aurait *Trêve de mort ;* néanmoins pendant ce délai l'agresseur ou le meurtrier pouvait être arrêté et jugé.

Entrant ainsi dans le sentiment de l'Église, le pouvoir royal cherchait à suspendre la vengeance privée, d'abord pour permettre aux passions de s'apaiser avec le temps, et ensuite pour laisser à la justice sociale le moyen de s'interposer entre l'outrage et les représailles individuelles.

A son tour, le roi Jean renouvela en 1353 l'ordonnance du saint roi ; et, devenue plus forte, l'autorité royale commença désormais à faire prévaloir, peu à peu, les débats de justice sur les combats meurtriers.

II. Quelle était autrefois la pratique des juridictions ecclésiastiques, en ce qui con cerne l'*homicide*, les blessures et la vio- lence ?

La question peut être étudiée sous deux points de vue, selon qu'il s'agissait des crimes ou délits ressortissant à la juridiction du clergé, en tant que commis par des clercs ; ou au contraire de méfaits soumis aux juges de droit commun.

Dans le premier cas, les tribunaux d'Église,

hostiles par principe aux cruautés du temps, remplaçaient pour leurs justiciables les tortures, les mutilations et la réclusion, par l'excommunication, les pénitences publiques, les pèlerinages, le jeûne et les peines pécuniaires, afin d'éviter les dangereuses influences de la prison qui, loin de moraliser l'individu, l'abrutissent et le dégradent.

Quand l'inculpé au contraire ne relevait point de ses juridictions, l'Église, comme nous l'expliquerons en parlant du *droit d'asile*, intervenait encore au nom de la pitié pour négocier le pardon, dans l'intérêt du coupable qu'elle jugeait susceptible « de repentance pour le passé, et de bon propos pour l'avenir ».

Même durant les périodes les plus tristes de son histoire, en dépit des abus particuliers et des fautes commises par certains de ses ministres, l'Église, en effet, montra une organisation *bien supérieure* à celle des autres institutions coexistantes : tantôt par la voix de ses Papes, elle blâme le pouvoir qui ordonne, par exemple, l'excision des lèvres ou l'ablation de la langue; tantôt elle s'élève contre la torture, ou lance ses anathèmes contre ceux qui prennent part aux luttes homicides du duel; tantôt, enfin, elle se montre « saintement ménagère de la vie », fût-ce de celle d'un coupable quand elle ne désespère pas de le ramener au bien.

... Que plus d'une fois fidèles ou pasteurs aient méconnu dans leur conduite ces doctrines de charité et de douceur, cela n'est point douteux! Mais, en pareil cas, ils obéissaient à leur sentiment propre, à leur préjugé individuel, à leur passion même, et non point au vœu de la loi religieuse, dont ils avaient le grand tort de méconnaitre l'esprit d'indulgence.

L'origine des tribunaux ecclésiastiques remonte à la justice temporelle des évêques, qui, après le triomphe du Christianisme, fut officiellement organisée par les constitutions des empereurs, comme elle l'avait été jadis à la demande spontanée des premiers chrétiens.

A la puissance spirituelle des Pasteurs vint donc s'ajouter une compétence d'ordre humain : d'abord l'arbitrage des différends survenus entre les citoyens, et, vers la fin du huitième siècle, la répression des crimes et délits imputables aux clercs.

Un capitulaire de 794 organisa la justice des évêques à deux degrés, en matière criminelle. Les poursuites pour tous les méfaits étaient dirigées à la requête de l'évêque qui prononçait en premier ressort : appel de cette décision pouvait être porté devant le métropolitain, assisté de ses suffragants.

Or, rien ne contribua plus à étendre les juridictions d'Église que cette faculté offerte au justiciable de réparer, *grâce à l'appel*, l'erreur d'une première sentence, ou la maladresse d'une défense insuffisante. Les cours laïques, elles, prononçaient toujours en dernier ressort.

Aussi quand une cause était mixte, c'est-à-dire intéressait à la fois clercs et laïcs, et même quand elle ne l'était pas, les intéressés s'ingéniaient-ils à donner au procès une *apparence ecclésiastique*, pour éviter les jugements des seigneurs.

« Le clergé, comme le remarque un savant jurisconsulte, M. Pardessus, n'eut pas besoin d'employer la violence ni la ruse pour s'attribuer la puissance judiciaire ainsi qu'on l'a prétendu : elle lui fut offerte au nom même des besoins du peuple[1]. »

Il en résulta, de la part des seigneurs, les plus amères récriminations contre les « hommes d'Église », qui voyaient le peuple venir

[1] *Essai sur les juridictions.*

à eux pour s'assurer de plus grandes garanties d'équité.

Parmi les manuscrits notables rappellant ces protestations, nous trouvons un acte de confédération, que jurèrent en 1247 les hauts barons de France, pour la destruction de ces prétoires rivaux.

Dans ce manifeste, les signataires se plaignent amèrement que la justice séculaire soit accaparée par des fils de serfs, jugeant les hommes libres et les fils des hommes libres; et ils disent que si leur propre influence est près de périr, comme juges laïcs, la faute en est « à la superstition des clercs[1], qui ne songent pas que c'est par la guerre et par le sang des seigneurs que la France est sortie de l'erreur des païens ».

Enfin les chefs de la confédération concluaient à la *confiscation* totale des biens et à la *mutilation* d'un membre[2], pour quiconque irait devant le juge d'Église, hors les cas d'hérésie, usure ou mariage.

On devine que ces inquiétantes menaces discréditèrent plus encore les juges séculiers qui tenaient un langage aussi passionné!

L'absorption de la justice « du siècle » par

---

[1] Clericorum superstitio.
[2] Lavir., II, 473.

l'autre n'était point niable ; mais les barons avaient mauvaise grâce à défendre à des hommes libres de choisir, d'accord, les arbitres qui devaient les départager. D'ailleurs si des officialités acceptèrent volontiers d'évoquer à leur profit des affaires civiles, il est juste de rappeler que leur extension exagérée fut combattue par l'autorité supérieure, c'est-à-dire par les conciles de Constance, de Bâle et de Trente.

Lors de leurs tournées pastorales, les évêques non seulement confirmaient les fidèles et visitaient les établissements charitables, mais aussi imposaient des peines canoniques dans des assises temporaires constituées à l'occasion de leur passage.

Un livre très rare donne des détails sur les habitudes épiscopales d'autrefois[1].

Deux ou trois jours avant l'arrivée de l'évêque, sa visite était annoncée aux paroisses par l'archidiacre délégué, afin que la *Cour de Chrétienté* pût être constituée sans retard. Si les cas délictueux étaient prêts à être jugés, il infligeait, séance tenante, aux délinquants les pénitences appropriées.

Dès le neuvième siècle on voit les évêques

---

[1] *De synodalibus causis et disciplinis ecclesiasticis*, par Reginon, abbé de Prüm, mort en 915.

nommer des magistrats auxiliaires, *juratores synodi*, en vue d'aider à ce que nous appelons aujourd'hui l'action du *ministère public*.

En effet, tant que l'évêque ne fut qu'un « justicier de passage », la crainte des représailles dissuadait chacun de se constituer accusateur bénévole, et l'œuvre de la justice rencontrait au point de vue pratique les entraves les plus sérieuses.

Que firent alors les pasteurs pour être instruits des méfaits des clercs?

Ils choisirent parmi les fidèles assemblés un certain nombre des plus respectables et des plus dignes, sept ordinairement, auxquels ils firent prêter serment de révéler les délits qui seraient à leur connaissance. Comme feraient de nos jours les magistrats du Parquet, ces délégués recueillaient les déclarations, et recherchaient les témoignages utiles pour instruire les causes synodales, qui comprenaient en général le vol sacrilège, le parjure, le faux témoignage, et l'homicide.

Une société quelconque, religieuse, civile ou commerciale, ne fait rien que de légitime quand, pour des raisons de discipline, elle exclut de son sein des membres qui ont failli aux obligations qu'elle impose.

On ne saurait donc s'étonner que l'Église chrétienne ait appliqué, en la transformant toutefois, la censure de l'*excommunication*, déjà usitée dans les synagogues quand on voulait écarter une personne blâmable ou compromettante.

L'une des sanctions le plus en usage dans les tribunaux ecclésiastiques fut, en effet, l'excommunication, pénalité spirituelle dans son essence, mais reconnue et *ratifiée* par les empereurs eux-mêmes. Ainsi Constantin approuva à ce sujet le septième canon des conciles d'Arles[1]; Charlemagne à son tour, dans son capitulaire de 801, décida que l'excommunication de l'évêque aurait des effets temporels, même sur les laïcs[2], etc...

L'*anathème* avait pour résultat de retrancher le pécheur du corps de l'Église, comme un membre indigne. Aussi voyons-nous les canonistes et les Pères, notamment Tertullien, appeler l'excommunication *relegatio*, c'est-à-dire bannissement de l'Église.

De même, les anciens canons et les épîtres employaient par analogie l'expression « bannir, exiler, *exterminare* », comme synonyme

[1] *Orig. ecclés.*, Bingham, II, c. iv.
[2] C. XLVII.

d'excommunication [1]. Faisons remarquer ici que ce latinisme, mal compris de plusieurs, a donné lieu à des accusations d'intolérance farouche, dans des circonstances où la critique n'était nullement fondée.

Les conséquences de ces foudres étaient multiples : les excommuniés étaient rayés des diptyques [2], c'est-à-dire de la liste des fidèles vivants dont on devait faire mention dans l'office ; le mariage avec eux était interdit, et on livrait leurs écrits au feu ; enfin, une fois morts, ils ne pouvaient prétendre à la commémoration des fidèles.

Après plusieurs avis préalables, et seulement dans le cas où les faits incriminés avaient eu un caractère scandaleux, l'évêque, dans ses appareils de deuil et entouré de son clergé, prononçait dans l'église la sentence en ces termes : « Par l'autorité de Dieu, de la bienheureuse Marie, de tous les Saints et avec l'approbation de l'assemblée, je t'excommunie. »

Pendant la cérémonie, on sonnait le glas

______

[1] *Excommunier* de l'Eglise, c'était exiler de la société des fidèles. L'étymologie du mot *anathème*, dont on se servait également, a aussi le sens de *séparation* du commun des fidèles.

[2] Diptyques, ou tablettes en forme de livre réunies par une charnière.

funèbre. Aussitôt la sentence lancée, on *dépouillait l'autel* de tous ses ornements, on plaçait à terre croix, reliques, vases sacrés ; la porte de l'église était fermée *avec des liens d'épines*, et on aspergeait les murs d'eau bénite.

Dans les excommunications venant de Rome, le clergé portait d'une main un bâton, et de l'autre un cierge allumé ; et après que la sentence avait été fulminée, les prêtres jetaient à terre leurs cierges qu'ils éteignaient sous leurs pieds, image de l'âme tombant dans les ténèbres de l'anathème ; à la fin, on psalmodiait les vêpres des morts.

Les pénitences, appelées souvent *baptême laborieux*, étaient réglées par une sorte de code spécial ou canons pénitentiaux[1] : nous en avons résumé l'esprit, dans un autre ouvrage, à propos des solennités de l'époque quadragésimale.

L'inégalité, la disproportion des peines ecclésiastiques infligées dans des cas identiques, a étonné plus d'un jurisconsulte moderne.

Mais il faut se rendre compte que l'Eglise

---

[1] Les canons pénitentiaux ou règles de pénitences publiques, très en usage dans l'Eglise grecque, n'ont pas été maintenus par le concile de Trente. (Sess. 14, ch. VIII.)

se plaçait à un point de vue très différent de celui envisagé par nos législateurs : elle avait moins égard à la nature de la faute et au mal causé, qu'aux sentiments du coupable. Aussi se montrait-elle, tantôt très indulgente, tantôt très sévère, selon le repentir ou la perversité qu'elle croyait découvrir dans l'auteur du méfait.

Quand, par la suite, les progrès de l'autorité royale permirent d'organiser des tribunaux séculiers, suivant les formes protectrices établies par le droit canon, les prétoires ecclésiastiques furent réservés aux seules matières religieuses, « l'édifice du nouvel ordre judiciaire étant construit, remarque M. Pardessus, ou pouvait désormais rejeter et briser la charpente qui avait servi à l'élever. »

Les canonistes sont d'avis qu'il n'est pas permis de se soumettre, par convention préalable, aux monitoires ou censures éventuelles d'excommunication : pareille pacte est jugé illicite. Cependant, l'usage l'emportant sur la règle, les notaires apostoliques qui recevaient les contrats et les obligations d'ordre ecclésiastique ou laïque, inscrivaient fréquemment dans leurs actes la clause suivante : *Si le débiteur n'acquitte pas sa dette* dès le premier commandement[1] qui lui en sera fait, il déclare, par le présent, *se soumettre à la sentence d'excommunication* qui serait encourue à défaut de paiement. »

Cette stipulation était appelée « clause de *Nisi* », parce que ce mot était le premier de la formule satisfactoire[2]. Et, en effet, abusant des armes dont elles disposaient, quelques officialités menaçaient des censures ecclésiastiques les débiteurs de mauvaise foi, ou seulement récalcitrants.

Comme il y avait là excès de pouvoir, l'autorité religieuse défendit qu'on fît un usage profane des foudres de l'anathème pour s'assurer un profit ou une restitution.

L'excommunication peut être formulée directement contre des personnes dénommées, ou d'une manière générale contre ceux qui prendront part à l'exécution de telle mesure, coupable aux yeux du clergé; elle peut même être encourue, *ipso facto*, quand le fidèle se permet une chose interdite expressément par l'Église sous cette sanction.

---

[1] Ce commandement s'appelait *monitoire*. Le principe était d'avertir avant de sévir : « Moneat priusquam feriat. »

[2] « Nisi debitor satisfecerit statim post denunciationem sententiæ excommunicationis..., nisi solverit. » (Dupin, *Dr. publ. ecc.*, p. 37.)

Dans le dernier état de la jurisprudence ecclésiastique, nous voyons que quand l'Église décrète l'excommunication, elle évite le plus possible de nommer les personnes, du moins quand la contestation, se rattachant à la politique, pourrait être l'occasion de graves conflits. Citons deux exemples : lorsque le 17 mai 1809, Napoléon Ier déclara le pouvoir temporel supprimé et les États Pontificaux réunis au domaine national, Pie VII excommunia d'une manière générale « les auteurs du fait », sans désigner autrement le fougueux signataire du décret ; et dans un cas analogue, lorsque Pie IX se vit enlever ses provinces, il fulmina dans des termes semblables contre ceux qui, d'une manière ou de l'autre, avaient contribué à le spolier.

Les pénitences les plus usitées comprenaient : 1° le *jeûne* durant un certain nombre de jours par semaine, ou encore pendant tous les vendredis de la vie. Ces jeûnes s'exécutaient *au pain et à l'eau* jusqu'à l'heure des vêpres [1], ordinairement 6 heures du soir ; 2° la *privation de sépulture*, pour les duellistes et les voleurs qui n'avaient point restitué, pour les suicidés et les usuriers, et aussi pour

---

[1] *Dr. Canon.*, Migne, 347.

les religieux qui à leur mort auraient laissé un pécule, au mépris de leur vœu de pauvreté[1]; 3° enfin les *pèlerinages*.

Comme peine ecclésiastique, rien de plus naturel que ces voyages pieux; mais il est intéressant de constater que le pouvoir civil lui-même avait aussi recours aux jeûnes et aux pèlerinages; et, au lieu d'emprisonner un coupable et de le condamner à une inaction aussi mauvaise pour l'esprit que pour le corps, on l'obligeait à aller visiter un sanctuaire éloigné.

En certaines régions, il était même loisible de se faire remplacer par une tierce personne.

Dans les *Olim*[2], on lit qu'Herbert, dit l'Écrivain, « à la suite d'une injure envers Girard le Boucher, de Compiègne, fit accomplir par ses deux fils, comme expiation, le pèlerinage de Saint-Jacques en Galice[3] ».

Tel, dans un moment de colère, commettait-il une violence? On lui permettait d'envoyer quelqu'un, en sa place, à un autel vénéré.

---

[1] *Dr. Can.*, c. 2. *De rapt.; De sepult.*, c. 11; *De usur.*, 3, 5; *De stat. mon.*, 2, 4.

[2] *Olim*, nom donné au recueil des arrêts du parlement de Paris. Le mot *Olim* qui se trouve en tête du second volume, par lequel l'auteur semble avoir commencé sa compilation, a donné le nom à la collection.

[3] *Olim du Parlement*, II, p. 237.

Ainsi les archives de Rupelmonde [1] (p. 323) relatent qu'en 1301, « conformément à l'arrêt intervenu, l'héritier de Jean Borluat envoya quelqu'un en pèlerinage à Roche-Madour, avant la Saint-Martin, *pour le soufflet* que ledit Jean Borluat avait donné à Jehan de Brune ».

Les registres du Parlement de Paris contiennent plusieurs décisions semblables. Cette juridiction, estimant les pénalités ecclésiastiques plus utiles que les autres, se les appropriait au besoin. Ainsi, le 24 juillet 1367, le Parlement rendit l'arrêt suivant : « Sur ce, qu'à Martin Blondel estait reprochié d'avoir juré vilain serment, — craché et vilipendé la croix, — rompu par despit deux images, l'une de Dieu, l'autre de la sainte Vierge Marie...; et il en requist grâce à la Cour...

« Tout leu (lu) et considéré ; et de ce que les présents sont d'accord : la Court ordonne que Blondel *jûnera tous les vendredis d'un an*, en pain et eaue, commencera vendredi, Saint-Jehan venant ; *item* qu'il jûnera tous les samedis de l'an après ; *item* que dedans la feste de Nostre-Dame, en septembre prochain venant, *il ira à pié* à Nostre-Dame, de Bou-

---

[1] Ville de Belgique dans la Flandre orientale.

logne-sur-la-Mer en pèlerinage. — Et de ce, il rapportera les testimoniaux (les preuves) d'y avoir esté; *item* qu'il paiera au Roy 5o francs d'or[1]. — Et à ce l'a condamné la Court. — Et il a juré aux saincts Évangiles de l'accomplir en bonne foy et sans fraude. »

Dans les déclarations d'août 1671 et du 16 janvier 1686, on édictait les peines du carcan, du fouet et des galères à l'égard de ceux qui commettaient une fraude dans l'accomplissement du pèlerinage imposé.

Le contrôle en effet était difficile; de là l'extrème rigueur de la répression.

Les *Croisades* furent également considérées par les Parlements comme étant un mode de réparation légale[2].

Enfin l'*amende honorable* fut une peine commune aux juridictions civiles et ecclésiastiques; on imposait au délinquant de la faire : « *à genoux, en chemise, à la porte des églises, la hart* (corde) *au col, un cierge ardent de deux livres en la main*, en demandant pardon à Dieu et aux hommes à haulte voix[3] ».

Un grand pape, Grégoire II, écrivant à

---

[1] Le franc d'or, frappé pour la première fois en 1360, avait une valeur réelle de 12 fr. 65 environ.

[2] Parlement de Toulouse.

[3] VI Selden, *De Synedriis*, I, ch. VII; M. de Pastoret, II, 157.

l'empereur Léon l'Isaurien, fait, entre la justice des rois de la terre et le système pénitentiaire de l'Église, un parallèle digne d'attention : « Si quelqu'un t'a offensé, toi, prince. tu lui prends sa maison, ses biens, sa personne ; tu le pends, tu le décapites ou tu le relègues dans un cachot, loin de sa famille... Les pontifes n'agissent point ainsi. Quand quelqu'un a péché, et qu'il a confessé sa faute, au lieu de lui couper la tête, ils posent sur elle l'Évangile et la croix ; au lieu de le tenir dans une prison au secret, ils le relèguent parmi les catéchumènes ; ils imposent à ses entrailles le jeûne, à ses yeux les veilles, à sa bouche la prière ; et lorsque, par des exercices appropriés à l'état de son âme, ils l'ont corrigé, émondé ; lorsqu'ils ont restauré ce vase d'élection dans l'état où il était avant sa chute, ils le remettent à Dieu et à la société, innocent désormais, et purifié. »

Nous ne saurions passer sous silence certaines procédures extraordinaires dites *excommunications contre les animaux*, dont on peut citer un certain nombre d'exemples.

Par un sentiment de justice absolue (telle était, semble-t-il, la pensée inspirant ces mesures), on voulait que l'œuvre d'équité fût intégrale et s'étendît, au moins dans sa forme extérieure, à tous les êtres, responsables ou non, qui avaient pris part ou avaient été l'occasion du délit ou du dommage causé[1].

C'est ainsi qu'il faut interpréter ces malédictions officielles, auxquelles on a donné le nom abusif d' « excommunication », alors même qu'elles ne visaient que des animaux.

Voici textuellement une de ces étranges décisions ; le dispositif d'une sentence prononcée en 1516 contre les chenilles se termine ainsi : « Parties ouïes, faisant droit sur la requête des habitants de Villenoxe, admonestons les *chenilles* de se retirer dans six jours. Et à défaut de ce fait, les déclarons maudites et excommuniées[2]. »

L'expression « parties ouïes », appliquée à des chenilles, paraîtra singulière.

En pareille circonstance on nommait un procureur qui était chargé de représenter les absents et remplissait ce rôle d'office.

Le mot excommunication n'est ici en réalité que l'équivalent de *malédiction*, personne n'en peut douter ; en tous cas pour certains

---

[1] « Si un bœuf, dit Moïse, a tué de ses cornes un homme ou une femme, il sera lapidé, et on ne mangera pas sa chair. »

[2] Sentence de l'official de Troyes, 1516. — Desmaze, *les Pénal. anc.*, 31, 32. — Même décision contre les chenilles à Laon, en 1120.

esprits de l'époque, maudire et excommunier étaient des termes jugés similaires. L'excommunication n'était-elle pas une malédiction, et la plus énergique de toutes ?

A l'égard des personnes non soumises à ses tribunaux, l'Église se servit du *droit d'asile* pour adoucir les mœurs judiciaires et protéger l'accusé contre les exécutions sommaires ; du moins il en fut ainsi pendant une longue période.

Par droit d'asile on entendait la sauvegarde assurée contre toutes poursuites, civiles ou criminelles, à quiconque se réfugiait dans des lieux ou édifices privilégiés.

Le droit d'asile est antérieur à la constitution du Christianisme, aussi une distinction essentielle est-elle à préciser.

Si les premiers fondateurs des villes assuraient protection autour d'eux, c'était non seulement pour attirer les étrangers, mais surtout pour utiliser au profit de leur domination et de leurs entreprises les audacieux qui se réfugieraient dans leurs murs : à un moment donné, un bandit peut être singulièrement utile à qui n'est point scrupuleux sur les moyens d'aboutir. Et c'était bien le cas de la plupart des chefs de cités : Cadmus. Thésée, ou Romulus...

Les asiles existaient dans le voisinage des temples, des tombeaux ou des bains sacrés.

Tout autre fut le droit d'asile dans la société chrétienne. Étant donnés l'antique et persistante tradition de la vengeance individuelle et les dangers que courait l'accusé d'être immolé avant toute enquête, avant toute justification possible, l'Église s'appropria en le modifiant l'usage des asiles d'autrefois, non pour entraver la justice, mais dans l'intérêt de la *liberté individuelle* et *du droit de défense.*

S'imagine-t-on, en effet, quelle était jadis l'effroyable situation d'un individu que la voix populaire, à tort ou à raison, accusait d'un crime capital, alors que le dénonciateur n'obéissait peut-être qu'à un sentiment de haine ou de représailles implacables !

Quoi de plus inique souvent, quoi de plus aveugle, de plus follement passionné, que la prétendue justice du peuple, qui crie sans savoir, et frappe..., parce que d'autres ont déjà frappé ! Logique inepte et brutale, mais contagieuse, au point de transformer parfois en fauves sanguinaires les hommes les plus paisibles, que l'instinct d'imitation porte à hurler avec les loups et à braire avec les ânes.

Soucieuse des intérêts de l'individu désarmé, l'Église favorisa donc le droit d'asile,

comme elle avait facilité les transactions pécuniaires en vue de dissuader de la vengance privée. L'homme pourchassé était à même, grâce
à l'asile, de préparer sa justification ou au
moins sa défense; et de son côté l'accusateur
avait le temps de voir refroidir sa colère, de
ressaisir sa conscience, de peser enfin la gravité de sa délation, et d'en calculer les suites
pour lui-même, au cas où sa parole serait
téméraire ou injuste.

Mais dès que le droit de vengeance avait été
converti en une action pécuniaire[1], dès que
l'affaire avait été « civilisée », selon le mot
des juristes, l'homme d'Église n'avait plus le
droit de protéger l'accusé, car l'offensé était
tenu de s'interdire désormais toute violence.

Si graves que fussent les crimes, ils don-
naient lieu à cette sauvegarde temporaire[2]; et la
protection durait le temps nécessaire, pour que
le délateur pût retirer sa plainte, ou l'accusé
racheter la peine corporelle, grâce à une
somme qu'il obtenait de sa famille ou gagnait
par un travail moralisateur.

L'Église ne protégeait donc pas inconsidé-
rément les criminels, comme on se plaît à le

______

[1] Voy. Pardessus, *Loi sal.*, 656.
[2] Si liber quantumcumque gravia maleficia perpe-
traverit, non est violenter ab ecclesiâ extrahendus.
C. VI, De immun. (Migne.)

dire dans certains ouvrages peu sincères ; mais, prenant en main la cause des faibles, se dressant devant la force, elle lui disait : « Sache d'abord qui tu vas frapper ; sache si même tu as lieu de frapper ! »

Cette procédure dilatoire présentait dans la pratique un intérêt si évident, que les empereurs romains et les capitulaires des rois la consacrèrent légalement par des dispositions formelles ; on en trouve des preuves dans l'approbation de Clovis au concile d'Orléans en 511, et dans Eginhard[1], aussi bien que dans le titre III de la loi des Alamans.

Ici encore nous dirons : si l'Église profitait de la situation dans l'intérêt de son influence, du moins n'était-elle ni en contradiction avec la morale, ni en révolte contre les lois. Et pour quiconque a étudié sans parti pris l'état des mœurs d'alors, il est manifeste que, sans cette intervention de la part de l'Église pour tempérer la vindicte publique ou privée, tout attentat eût été presque toujours suivi du meurtre de l'accusé, soit coupable soit innocent : alors, au lieu d'une ébauche de réglementation, c'eût été la vie sauvage dans son atrocité farouche.

---

[1] *Épist.*, XVIII.

Quels étaient les lieux affectés au droit d'asile?

L'immunité existait d'abord dans l'*intérieur* des cloîtres, basiliques, oratoires, cimetières et hôpitaux; puis sur les *marches* de ces édifices, et même dans un *rayon* de trente pas autour de l'église, et de quarante pas s'il s'agissait de cathédrales.

Actuellement il en est un peu de même pour les étrangers : sous le toit de leur ambassadeur, dans les cours ou dans les jardins de son hôtel, ils sont inviolables.

La fameuse Cour des Miracles, ancien repaire des truands à Paris[1], jouissait, prétend-on, du « privilège d'asile » en faveur des affreux habitants de ce pandémonium, comme l'appelle Victor Hugo. Or rien n'est moins établi que l'existence de ce droit; il semble que l'immunité résultait seulement de la crainte justifiée qu'éprouvaient les prévôts de Paris et les soldats du guet, quand il s'agissait de pénétrer « dans cette cité de gueux et d'argotiers qui faisaient disparaître les sergents qui s'y aventuraient[2] ».

Détail touchant qui fait constraste! le *prêtre portant le viatique fut assimilé à un*

---

[1] Dans le quartier Montorgueil.
[2] Victor Hugo, *Notre-Dame de Paris.*

temple ambulant : les malheureux qui se trouvaient à ses côtés pouvaient traverser sans crainte, fût-ce le domaine de leur ennemi mortel.

Quel pinceau savant et fidèle saurait reproduire cet étonnant tableau !

Voyez sous le porche de l'église entr'ouverte, cet humble prêtre vêtu de sa riche étole : avec solennité il descend pas à pas les degrés du sanctuaire... La prière aux lèvres, l'œil sondant l'infini dans une fixité extatique, il se dirige tête nue à travers la place publique, et passe recueilli devant un groupe de pieux fidèles qui se signent en se prosternant... Dans ses mains tremblantes qu'il enlace pour les mieux assujettir, il porte à la hauteur de ses lèvres le viatique, dans un petit ciboire d'argent enveloppé d'une toile d'or... Aussitôt quittant les marches du temple, leur refuge habituel, brigands et capons, rifodés, détrousseurs et francs-mitoux[1] se lèvent et se groupent, pour suivre le ministre des autels jusqu'à la demeure d'un pauvre mourant. Tous marchent avec confiance, car ils savent n'avoir rien à redouter : un rayonnement d'immu-

---

[1] *Capons*, voleurs ; *rifodés* et *francs-mitoux*, vagabonds et mendiants.

nité accompagne ces pécheurs placés sous la garde de Celui qui délie et pardonne... L'ombre du prêtre, mystérieux et vivant tabernacle, transforme en terre sacrée le sol fugitif qu'elle couvre au passage, en même temps elle jette à l'entour comme un voile charitable, pour cacher les fautes aux regards vindicatifs des hommes... Et si, d'aventure, un archer trop zélé avait osé porter la main sur quelque misérable de ce cortège étrange, le Prêtre, sans doute, l'eût rappelé au respect du droit d'asile en lui disant : « Soldat du roi ! laisse passer le Dieu de miséricorde, qui ne repousse pas l'escorte des pécheurs. »

Non seulement l'Église par l'exercice du droit d'asile mettait obstacle aux traditions de vengeance personnelle, mais de plus elle estimait que châtier le coupable dans son corps était une chose moins importante, en somme, que d'amender son âme en éveillant en lui cette vertu des coupables, le repentir.

D'ordinaire, en effet, l'action du prêtre avait pour résultat direct de convertir les criminels « au lieu de permettre de les despêcher rendre compte à Dieu de leur vilaine âme, en mortel estat », comme l'écrivaient les anciens canonistes.

De nos jours, ne voit-on pas le législateur autoriser le juge à suspendre l'application de la peine prononcée, pour éviter de flétrir d'une façon irrémédiable un malheureux qui n'a eu peut-être qu'un entraînement passager[1]?

Réprimer le mal est utile, mais le conjurer pour l'avenir est mieux encore; la prison qui a reçu un délinquant vulgaire ne rend-elle pas d'ordinaire à la société, au lieu d'un homme repentant, un criminel haineux, exaspéré, implacable?

Sur cent délinquants, plus de cinquante récidivent.

Cependant, on devine que la sauvegarde du droit d'asile devait à la longue amener de graves abus : on vit les criminels se donner rendez-vous dans le voisinage des monuments ecclésiastiques, et s'y livrer à toutes sortes de déprédations.

Pour eux la tentation était d'autant plus grande, que, d'après l'usage, les couvents, chapitres ou séminaires sur les territoires desquels un délinquant s'était installé, se trouvaient dans l'obligation de *nourrir le malfaiteur*[2].

---

[1] Loi Béranger.

[2] Nec directe nec indirecte inde extrahi possunt, et propterea illis nec alimenta, nec quiescendi commoditas negari potest. — V. *Mémoire du clergé de France*, V, p. 1627.

Les historiens racontent que, maintes fois, des brigands poursuivis par la garde se livrèrent à des danses folles et à des chants narquois sous les yeux mêmes des soldats : quelques piquets à ras de terre, ou un léger sillon tracé sur le sol constituant un rempart légalement infranchissable.

La licence et les désordres devinrent tels que les Papes furent les premiers à *restreindre* l'étendue de ce privilège, dans la crainte que la bonté et l'indulgence poussées à l'excès ne devinssent une sorte de complicité. En conséquence, Grégoire XIV et Benoît XIII déclarent déchus du droit d'asile : les voleurs de grands chemins, les homicides, les assassins et leurs complices, les faussaires et les faux monnayeurs [1].

Cela ne suffisant pas, diverses Bulles prescrivirent aux supérieurs ecclésiastiques [2] de supprimer l'immunité, ajoutant toutefois que l'on ne devait pas livrer les délinquants, mais les congédier avec charité.

[1] Bulle de Grégoire XIV : *Quod si quis...*
[2] Constitution de Grégoire XIV, modifiée par celle de Benoît XIII au Concile de Rome en 1725.

CHAPITRE II

SUICIDE ET PARRICIDE : DOCUMENTS CHINOIS SUR L'INFANTICIDE

Les religions et le *suicide*. — Influence du panthéisme et
de la métempsycose sur les suicides collectifs : Inde, Japon... — Le suicide par vengeance en Chine. — Différence
entre le trépas volontaire chez les Hébreux, les Grecs et
les Romains. — La mort des vieilles femmes chez les
Goths; le rocher des aïeux chez les Wisigoths. — Opinion
des Conciles et des Pères sur le suicide. — Curieux textes de la loi salique au sujet des pendus. — Procès aux
cadavres des suicidés. — La complicité du suicide est-elle
punissable? Episodes judiciaires. — Les clubs du suicide
sous la première République. — Réfutation du prétendu
droit de mourir. — La mort volontaire d'après les statis-
tiques récentes : influence de l'âge, du sexe et de la profession. — Célibataires et hommes mariés; genres de
mort préférés. — Le *parricide* chez les Hébreux. — Singulière pénalité de la loi des XII tables. — Comment on
châtiait en France les parricides avant 1791. — Cérémonial actuel de l'exécution des parricides. — Effroyable
supplice du Kiao en Chine. — Lois et livres chinois sur
l'*infanticide*. — Edits sur la noyade des filles. — Relation
sur la vente des enfants chinois. — Témoignage du colonel
Tchen-Ki-Tong. — Une enquête sur l'infanticide à Canton...

Nous traiterons dans ce chapitre : 1º du
suicide, 2º du *parricide*; et dans la dernière

partie nous résumerons de précieux *documents chinois sur l'infanticide.*

I. Du suicide. — Le suicide, intéressant au plus haut point les destinées de l'homme dans l'autre vie, se rattache très étroitement aux croyances religieuses et aux systèmes philosophiques des peuples.

Dans l'Inde, les livres des brahmanes enseignent que l'homme n'est qu'une partie intégrante du Grand-Tout : aussi le panthéisme des anciens et celui des Orientaux a-t-il été une des causes les plus actives de la multiplicité des suicides chez ces peuples.

En faisant de l'homme une émanation de la Divinité impersonnelle avec laquelle il se confondait, ainsi que le remarque M. le Dr Moreau, de Tours, dans une judicieuse monographie, on incitait par là même les gens découragés, ou repus, à s'affranchir de la douleur ou du dégoût, pour aller s'absorber passivement dans une sorte de néant libérateur.

On comprend les conséquences désastreuses de ces dogmes et de ces préceptes; il suffit de rappeler ces odieuses hécatombes humaines qui se sont succédé sans interruption, depuis tant de siècles, sur les vastes territoires de l'Hindoustan, de la Chine, du Thibet, du Japon, et du royaume de Siam.

A propos des fêtes païennes dont la ville de Jaggrenat, dans l'Hindoustan, est le théâtre, nous avons parlé ailleurs des scènes hideuses de suicides collectifs sous les roues du char de Vischnou; il n'y a donc pas lieu d'y revenir.

Qui ne connaît le *suicide par le feu*, usité, il y a peu d'années encore, chez les femmes indiennes, afin de témoigner de leur foi conjugale en confondant leurs cendres avec celles de l'époux défunt? Nous les raconterons en détail au chapitre des sacrifices humains : la solennité dont on entourait les *sutties*[1], l'opinion qui les imposait en quelque sorte, les distingue en effet à bien des points de vue du suicide vulgaire.

Des voyageurs racontent qu'au Japon, les adorateurs du dieu Amida s'imaginent qu'*en se noyant* en l'honneur de cette divinité, ils sont certains d'obtenir une béatitude immense dans l'autre monde.

Il n'est pas rare qu'un dévot se jette à l'eau

---

[1] On a reproché à la nation anglaise d'avoir officiellement permis les *sutties*. Mais cet usage séculaire ne pouvait être aboli d'un jour à l'autre, et l'on doit à l'administration de lord William Bentinck d'avoir interdit ces sacrifices homicides.

pour fournir un témoignage indubitable de sa piété. Au préalable, afin de donner de l'éclat à l'accomplissement de sa résolution, il s'efforce de réunir des prosélytes décidés à l'accompagner dans l'autre monde. Il prêche dans tous les carrefours le mépris des faux biens terrestres, il retrace éloquemment les misères qui affligent l'existence de l'homme, et fait un tableau séduisant des récompenses magnifiques réservées à ceux qui meurent pour Amida. Souvent l'orateur trouve quelque fanatique disposé à saisir cette occasion de mourir avec gloire. Alors les victimes volontaires se dirigent vers un fleuve ou vers la mer ; leurs parents et leurs amis les escortent, et un grand nombre de bonzes grossissent le cortège. On monte sur une barque réservée pour cet usage ; elle est dorée et ornée d'étoffes de soie. L'adorateur d'Amida témoigne sa joie en dansant au son d'instruments de musique, s'attache de grosses pierres au cou, à la ceinture et aux jambes, et se précipite dans les flots, tête baissée.

Il existe aussi une autre manière de se sacrifier en l'honneur d'Amida : elle consiste à *s'enterrer vivant !* . . . .

La victime choisit une grotte ayant à peu près la forme d'un tombeau, et si étroite qu'il lui est à peine possible de s'asseoir. Elle s'y renferme : on en mure l'ouverture en ne laissant qu'un petit soupirail pour éviter l'asphyxie immédiate. Le dieu qu'on pense honorer par ces affreuses pratiques est habituellement représenté avec la tête d'un chien, et monté sur un cheval à sept têtes, « emblème des sept mille siècles ».

Plusieurs systèmes philosophiques de l'Orient ont poussé au suicide, les uns en supprimant l'idée d'un Dieu rémunérateur ou vengeur ; les autres en persuadant aux crédules mortels, que, grâce à la métempsycose, à la transmigration des âmes, quiconque se détruit dans certaines conditions a l'espoir d'améliorer son sort par delà la tombe.

En effet, pour qui est imbu de la doctrine des « naissances successives », se réfugier dans la mort quand on est affligé, c'est recommencer une partie perdue, avec des chances moins défavorables.

Les matérialistes aussi, en plaçant le souverain bien dans la jouissance et les plaisirs, inspirèrent le dégoût d'une vie où le bonheur ne se rencontre jamais sans mélange.

Encore aujourd'hui, le suicide est un vrai fléau en Chine.

Non seulement on se donne la mort à raison

de chagrins domestiques, ou de mauvaises affaires ; non seulement on y recourt, à la suite d'accès de fureur, de *tsi* ou « ventrées de colère », selon l'expression chinoise ; mais le *suicide par vengeance* est, paraît-il, un moyen très ordinaire de représailles.

Deux marchands se font-ils concurrence ? Celui qui se sent incapable de lutter avale une dose massive d'opium, et va mourir dans la boutique de son concurrent. Un plaideur perd-il son procès ? il court se pendre à la porte de celui qui l'a gagné. C'est que le fait seul d'être détenteur d'un cadavre suscite d'abord avec la justice des démêlés compromettants et, de plus, fait tomber sur le dépositaire une sorte de malédiction fatale, car quiconque, en Chine, décède en dehors de chez soi passe pour devenir un esprit malfaisant.

De même, rien de plus fréquent que de voir un débiteur insolvable se détruire, « tout compte devant être réglé avant la fin de l'année, à peine d'escroquerie ».

Pour des raisons d'ordre politique, des empereurs ont été les premiers à donner l'exemple de la mort volontaire ; et une fin de ce genre semble être, au Céleste Empire, la plus distinguée que puisse rechercher une veuve, ou une jeune fille dont le fiancé meurt avant le jour des noces.

Relatons un fait entre mille : « Une jeune fille de Fou-tchéou, par exemple, se trouvant dans ce cas, résolut de ne pas survivre à son futur époux. Lorsque ses parents la virent ainsi déterminée à s'ôter la vie, il lui demandèrent d'accomplir cet acte d'une façon solennelle qui pût attirer l'attention sur leur famille et la couvrir d'honneur. Au jour choisi, la jeune fille fut donc portée en palanquin à la maison de son fiancé défunt. On avait élevé une estrade au milieu de la chambre principale. Elle y prit place après avoir adoré les tablettes de ses ancêtres et avoir offert un sacrifice à leurs mânes. Famille et amis étaient accourus pour être témoins du spectacle. Les parents du jeune homme mort vinrent les premiers se prosterner devant celle qu'ils avaient choisie pour belle-fille : ils lui offrirent ensuite du thé et des sucreries. Elle monta alors sur un escabeau, et de là passa le cou dans un nœud coulant qui avait été préparé. On la laissa tranquillement s'étrangler; ensuite on la déposa dans un cercueil qui fut enterré solennellement à côté de celui de son fiancé. Son nom fut inscrit sur les tablettes de sa nouvelle famille; et ces malheureux païens l'invoquent comme une divinité [1]. » En cela, ils continuent les traditions des anciens Chinois.

Le suicide fut au contraire en quelque sorte inconnu des Hébreux ; à peine citerait-on huit à dix morts volontaires dans l'espace de quatre mille ans ; car, eux, croyaient à un Dieu personnel et à un sort définitif par delà le tombeau.

L'auteur du *Droit de la nature* [2], se faisant l'écho de divers théoriciens, a soutenu qu' « il n'est pas impossible qu'on ait raison d'abréger ses jours, pour se préserver d'un grand mal ». D'autres, allant plus loin dans l'erreur, ont soutenu que la loi religieuse et l'Écriture sainte ne défendaient pas positivement de se décharger du fardeau de la vie.

Nous répondrons que le précepte : *non occides*, « tu ne tueras point », est aussi catégorique que possible. Or *se tuer*, c'est encore tuer.

On a cité la mort d'Abimélech, celle de Samson, de Saül, d'Éléazar, comme autant de suicides.

D'abord, l'Écriture rapporte les faits, sans dire si elle les propose en exemple ; de plus, ces trépas présentent des caractères très par-

---

[1] R. P. Cothonay, missionnaire au Fo-kien.
[2] Barbeyrac.

ticuliers : le coup mortel qu'Abimélech [1] reçoit de son écuyer est la juste peine des crimes par lui commis; c'est aussi en vertu du châtiment annoncé que Saül succombe [2] : quant à Samson et à Éléazar [3], loin de s'abandonner à la mort des lâches, l'un se sacrifie noblement pour venger sa patrie, l'autre pour délivrer son peuple [4].

Grecs et Romains préconisèrent le suicide.

« On ne doit blâmer celui qui succombe, dit Platon, que s'il se détruit sans l'autorisation des magistrats ou sans y avoir été poussé par le malheur [5]. » Lucrèce [6] est de l'avis de Platon. En Grèce, comme chez les Celtes, il y avait des lieux publics, destinés *à qui voulait périr :* il suffira de rappeler les noms de Leucade et de Céos.

Dans son traité *De la République,* Cicéron écrit que le suicide est une impiété; que nous n'avons pas le droit de sortir de la prison de notre corps sans la permission du Ciel, sinon nous semblerions nous refuser à remplir le

---

[1] *Juges,* I, 56.
[2] II *Rois,* I, 15.
[3] *Juges,* XVI, 28.
[4] 1 *Machab.,* VI, 44.
[5] *Des lois,* liv. IX.
[6] *De rer. nat.,* III, 842.

devoir dont nous avons la charge ici-bas [1].

On ne saurait mieux dire ; mais étant donné que, pour l'Orateur romain qui s'en explique ailleurs [2], « cette permission de se détruire peut résulter simplement d'un juste désir de mourir, désir dans lequel, dit-il, le vrai sage est autorisé à voir l'indication d'une volonté divine », il en résulte qu'à tout prendre, la légitimité du suicide est bien admise par Cicéron.

Sénèque le philosophe [3], Martial, Juvénal, nous apprennent que les suicides romains se perpétraient surtout par pendaison, chute, et absorption de charbons ardents ou de cendres brûlantes [4].

Pline considère la faculté de s'arracher la vie, quand bon semble, comme une prérogative de l'homme sur les animaux et même sur la divinité [5].

La croyance des Goths était que ceux qui mouraient de vieillesse ou de maladie étaient destinés à croupir éternellement dans des lieux infects et sombres ; tandis que ceux

[1] Piis omnibus retinendus est animus in custodiâ...; ne munus humanum assignatum a Deo defugisse videamini. (*De Rep.*, VI, 8.)

[2] *Tuscul.*, lib. I.

[3] *De Providentia.*

[4] Ardentes bibere favillas... Haustus ignis...

[5] Mori optimum in tantis vitæ pœnis. (*Natur. Hits.*)

qui avaient trouvé le trépas dans les combats ou dans des entreprises hasardeuses devaient jouir de toutes les exquises délices du paradis d'Odin.

La mort vulgaire de ceux qui succombaient aux fatigues ou à la décrépitude s'appelait *Kerlingedande*, c'est-à-dire *la mort des vieilles femmes :* c'était une fin sans honneur.

Chez les Wisigoths existait un rocher élevé, dit *Rocher des aïeux*, du haut duquel les vieillards allaient se précipiter quand ils étaient las de la vie [1].

Les femmes étaient en général exclues du Walhalla, ou paradis d'Odin; il y avait toutefois une exception en faveur des veuves qui suivaient leur mari au tombeau, en mourant volontairement [2].

Maints peuples anciens, Thraces, Hérules, Brussiens, Serres, sont représentés comme se donnant ou se faisant donner dans leur vieillesse un coup mortel, pour hâter l'instant d'une vie meilleure, aberration qui témoigne, à sa manière, en faveur des croyances spiritualistes de ces peuplades incultes.

Dès que la pensée chrétienne se diffusa dans le monde, le suicide, que les éléments

---

[1] *Œuvres du chevalier Temple*, p. 11.
[2] Keysler, *Ant. select.*, p. 141 (1720).

gréco-romains et germains y avaient profondément enraciné, tendit à diminuer d'une façon très sensible. Entre tous les Pères, saint Augustin se prononça avec véhémence contre la théorie de la mort volontaire[1].

De leur côté, les conciles protestèrent contre ceux « qui se défaisaient de la vie ».

Le concile d'Arles, tenu en 452, appella « œuvre du démon la mort par le suicide »; celui de Braga, en 563, déclara « excommuniés » ceux qui disposeraient de leurs jours. Le concile d'Auxerre en 578 et le concile de Troyes au neuvième siècle renouvelèrent les mêmes prohibitions[2]...

On sait que, dans bien des régions, lorsque d'aventure les gens du peuple se trouvent en présence d'un pendu, ils croiraient *se compromettre en coupant la corde*, hors de la présence d'un officier de justice.

Certes, s'il s'agissait de porter secours à un homme qui se noie ou veut se jeter dans le vide, il n'est personne qui n'intervienne avec un zèle louable pour empêcher un malheur... D'où vient donc cette abstention systématique en cas de pendaison?

______

[1] *De civitate Dei*, lib. I, cap. xvi.
[2] Concilium Arelatense. — Concil. Bracarens. — M. B. de Boismont, *Du Suic.*, 24.

On peut donner l'explication suivante.

Durant tout le moyen âge, quand on saisissait un espion ou un scélérat quelconque en flagrant délit, les chefs militaires ne s'attardaient pas à instruire l'affaire, à la laisser plaider contradictoirement devant une assemblée de juges. Point! On accrochait le coquin au premier arbre venu, et l'armée continuait sa route.

Souvent aussi, la justice criminelle fit pendre les condamnés aux arbres des chemins. C'est seulement au quatorzième siècle, sous Philippe le Bel, qu'elle eut un lieu attitré pour les exécutions, et un *gibet officiel* dans les fourchés patibulaires de Montfaucon, élevées par Enguerrand de Marigny.

Jusque-là, on risquait donc en faisant une promenade bucolique de se trouver inopinément, au fond de quelque aimable solitude, face à face avec un pendu. Le premier mouvement, on le suppose, devait être de porter secours et de couper la corde dans l'espoir de rappeler l'infortuné à la vie.

Mais alors, que serait devenue la justice? La loi salique avait prévu le cas, dans son titre LXIX, article 1 : « Quiconque enlèvera du gibet un homme *vivant* et le laissera s'enfuir encourra un châtiment qui variera depuis l'amende, jusqu'à la peine capitale [1].

Et dans les articles suivants, il est même *défendu de décrocher un mort* [2] sans l'ordre ou sans la permission du juge [3].

En détachant un corps, on risquait donc d'être responsable du crime qui avait fait pendre le coupable.

L'écho de cette menace de la loi salique s'est continué jusqu'à nous, semble-t-il. Bien qu'en France il n'y ait plus, à la différence du passé, que des strangulations volontaires, le peuple se dit encore comme au cinquième siècle : « Ne touchons pas un pendu sans prévenir auparavant la justice. »

C'est là sans doute un des plus singuliers exemples de la persistance des traditions : d'autant plus que la superstition ayant attribué à la *corde de pendu* la vertu des talismans les plus précieux, les gens du peuple devraient désirer profiter de l'occasion pour s'en procurer.

Du cinquième au douzième siècle, alors que l'Église règne en souveraine sur les âmes

---

[1] Titre 69 : « De eo qui hominem vivum de furcâ tulerit. » (Isambert, I, et Pardessus, *Loi salique*, texte d'Hérold, p. 261.)

[2] Hominem mortuum deponere...

[3] Sine voluntate aut consilio judicis..., de ramo ubi incrocatur.

aussi bien que sur les corps, le suicide paraît avoir à peu près complètement disparu; on n'en retrouve que de bien rares exemples. Mais avec le treizième siècle, quand la transformation s'opérant dans les opinions, dans la littérature et dans les arts, fait pressentir la Renaissance, le goût du suicide se réveille comme un souvenir des temps païens.

Au seizième siècle la manie de la mort volontaire devient très prononcée. Cette recrudescence correspond au retour des études vers l'antiquité, au relâchement des croyances religieuses et à la liberté d'examen.

Enfin, au dix-huitième siècle, favorisé par le scepticisme qui est en quelque sorte la caractéristique de l'époque, le mal prend d'inquiétantes proportions : on se tue par vanité, par genre, par amour de la réclame.

D'anciens législateurs ont cru devoir édicter des procédures infamantes contre les suicidés.

Se venger sur un cadavre, du scandale qu'il a pu donner à la société et à la morale, ne semble pas un moyen bien efficace pour détourner les désespérés de l'obsession qui les hante; car celui qui ne tremble pas à la pensée d'aller, selon la grande expression de Bossuet, au-devant de la terrible aventure de la mort ; celui qui ne prend nul souci du chagrin ni de l'ignominie qui doivent retomber sur la famille qu'il abandonne ; celui enfin qui se rit des anathèmes de la religion, ne sera évidemment pas arrêté dans sa résolution homicide par la crainte de voir sa mémoire vouée à une infamie posthume.

Cependant jadis, en France, le corps du suicidé était *traîné sur une claie* à travers la ville.

Notre ancienne législation admettait les *procès au cadavre*. « Puisqu'on trouve juste, dit un vieil auteur, de distribuer des honneurs après le décès d'un homme de bien, il doit être légitime dans le cas contraire de le couvrir de honte [1]. »

D'ailleurs cette pratique remonte à l'origine des sociétés.

On sait que, dans l'Égypte des Pharaons, avant d'être mise dans le cercueil, la momie des hommes illustres était apportée devant les prêtres et le peuple rassemblés: et là, par une sorte de suffrage universel, la mémoire du défunt était ou flétrie ou célébrée : les rois eux-mêmes n'échappaient pas à ce

[1] Ayrault.

jugement populaire dont la solennité et la grandeur ne sauraient être méconnues.

C'est bien ce qu'on peut appeler le *procès à la mémoire* [1].

Plus tard on ne se contenta point du blâme public: on alla jusqu'à infliger le supplice au cadavre du criminel.

On peut citer par exemple le cas de Cléomène, roi de Sparte, qui, après son suicide, fut mis en croix sur l'ordre de Ptolémée Philopator, contre qui le chef spartiate avait conspiré [2].

Plutarque raconte que de son temps, en Grèce, on intentait fréquemment des poursuites après la mort des coupables; quelquefois même il y avait mutilation : par exemple, *on coupait la main du suicidé*. Ainsi fut traduit en justice un certain Phrynicus accusé de trahison, et jugé après avoir été exhumé [3].

A Sparte, on poursuivit la mémoire de Lysandre à qui on reprochait d'avoir conspiré contre la république. Il en fut de même à Syracuse pour le corps du tyran Denys [4].

Sous les premiers rois de Rome, les suici-

[1] *Nouv. Rev. hist.*, 1879.
[2] Plutarque, *Agis et Cléomène*, I, xx
[3] Plutarque, *Vie d'Alcibiade*.
[4] *Vie de Timoléon.*

dés étaient ou livrés aux bêtes, ou exposés sur un gibet ignominieux.

Cette coutume disparut, mais pour renaître sous Marc-Antoine ; et l'on vit, chose étrange ! *condamner à la peine capitale* [1] *le cadavre* de Cnéius Calpurnius Piso, qui s'était étranglé durant le procès dirigé contre lui, comme coupable de l'empoisonnement de Germanicus.

Tite-Live cite aussi l'exemple de trois personnes jugées après leur mort.

Durant le moyen âge, disions-nous, nombre de procès furent faits *post mortem,* mais très spécialement à des suicidés. Sous saint Louis, en pareil cas, leurs meubles étaient confisqués au profit du baron [2], « s'il advenait que aucun se pendist, se noiast ou s'occist ».

Au temps de Philippe le Long [3], « ceux qui s'étaient défaits eux-mêmes de la vie », comme dit le texte, étaient livrés aux bûchers. Dans la suite on les pendit « *la tête en bas,* pour plus d'ignominie [4] ».

[1] *Capitis* (Suétone).
[2] *Établissements de saint Louis.*
[3] D'après Ayraut.
[4] Une sentence du Parlement de Bordeaux, de mai 1561, décide que « J. Ménasde, décédé, en son vivant séditieux et fauteur d'hérésies, aura son corps brûlé et mis en cendres, et que sur ses biens il sera pris 800 livres pour poursuivre les hérésies qui pullulent en Saintonge». (Desmaze, *Curiosités des*

L'ordonnance de 1670 contient une véritable législation sur la matière[1]. Auparavant, les pénalités contre les cadavres étaient prononcées quand le juge le trouvait bon : mais l'ordonnance les restreint au cas de « lèse-majesté divine ou humaine, de duel, d'homicide de soi, et de rébellion ».

Par crime de « lèse-majesté divine », on désignait : l'hérésie, les sortilèges, le sacrilège et le blasphème[2].

Quant au crime de « lèse-majesté humaine », c'était la félonie, c'est-à-dire l'attentat contre le roi, la prise d'armes contre la patrie ou le complot contre l'État, ce qui avait lieu si d'aventure on tentait, selon une jolie expression du temps, de « débusquer le Prince de sa couronne ».

Un individu coupable du crime de lèse-majesté, raconte Merlin, s'étant noyé un jour dans la Marne, « son corps fut repêché, démembré à quatre chevaux, et mis en quatre quartiers sur quatre roues, aux quatre avenues principales de Paris ».

anc. *Just.*, 322.) — On remarquera que le Parlement avait à cœur de poursuivre les hérésies : le pouvoir judiciaire ne faisait que suivre le sentiment général à cette époque.

[1] Ordonn. crim., août 1670, titre XXII.
[2] Jousse.

Il faut reconnaître qu'en pratique la loi était souvent éludée, dès que la présomption de folie était suffisamment établie.

En cas de doute, on devait admettre le trouble mental et la coutume de Bretagne accentue l'idée en disant : que celui-là seul doit être pendu et traîné sur la claie comme meurtrier, qui s'est tué « à son escient », c'est-à-dire de propos délibéré.

Aux termes de l'ordonnance précitée, l'accusé qui était mort en état de rébellion devait être également l'objet de poursuites posthumes.

Mais qui donc au procès représentait le défunt? Un membre de sa famille, s'il s'en trouvait: sinon, un Procureur ou curateur du mort était nommé d'office pour prendre les intérêts de la « mémoire mise en cause[1] ».

On était formaliste à tel point, que non seulement on suivait contre le mort la procédure d'usage, mais que son corps devait, avant l'audience, « être mis en prison dans la basse geôle », en attendant l'exécution, la mutilation ou l'exposition sur le gibet.

Quelquefois on *enterrait provisoirement* l'inculpé défunt, jusqu'au jour des débats;

___

[1] V. l'étude de M. J. Bregeault.

ou bien on l'embaumait; ou encore on se contentait simplement de « le saler » pour empêcher la putréfaction.

A titre d'exemple, citons une sentence rendue par le parlement de Paris [2] dans les circonstances suivantes.

Un sieur Louis Martin, accusé de vol, avait été arrêté par la maréchaussée d'Orléans et mis en prison. Huit jours après, on le trouva pendu dans son cachot. Aussitôt les officiers de la maréchaussée dressent procès-verbal, dénoncent le fait et, en attendant le procès, *font saler le cadavre*. Un conflit de juridiction s'étant élevé, l'affaire fut ajournée à longue échéance... Pendant ce temps la décomposition faisant son œuvre (bien que le fait se passât au mois d'octobre), la cour fut dans la nécessité de prescrire l'inhumation provisoire du corps « en terre profane, jusqu'à ce qu'autrement par la cour ait été ordonné [2] ».

Enfin le Parlement se conforma aux conclusions du procureur général du roi, Joly de Fleury, qui avait déclaré qu'à son avis, « vu l'infection du cadavre et sa putréfaction, on

---

[1] Arrêt de réglement du 2 décembre 1737 (*loc. citat.*), *Nouv. Rev. hist.*, 1879.

[2] Jousse, III, 545.

satisferait à la loi en s'en prenant seulement à la mémoire du coupable ».

D'après l'ordonnance de 1670 [1], le juge ne désignait d'office, pour représenter le défunt, qu'un curateur « instruit, c'est-à-dire sachant lire et écrire », et qui prêtait serment de s'acquitter fidèlement de sa fonction funèbre.

La formule de nomination du curateur débutait ainsi : « Attendu qu'il s'agit d'un crime dont la vengeance publique doit s'exercer *contre le cadavre...* » (*Rép.* de Guyot.)

Ce mandataire spécial représentait le défunt dans toute la procédure ; néanmoins il figurait à l'audience, « debout et non sur la sellette des criminels ».

Encore du temps de Pothier, le cadavre contre qui un jugement de condamnation avait été rendu était promené sur une claie, la face contre terre, à travers les ruelles de la Ville, puis pendu à une potence la tête en bas.

En ce qui concerne les procès faits « à la mémoire seule », ils différaient peu des précédents ; mais ils n'admettaient point la mise en scène offusquante que nous venons de décrire, et dont le spectacle était peut-être encore plus malsain que terrifiant.

[1] Art. 3.

Contre les coupables en fuite existait une procédure spéciale, l'*exécution par effigie;* l'ordonnance s'en explique longuement. Dans la pensée du législateur d'alors, il fallait frapper l'esprit populaire par l'appareil du châtiment mérité : aussi fabriquait-on des *mannequins* de paille et des hommes d'étoupe, sur lesquels se vengeait la justice impuissante, quand l'accusé avait pu échapper à la vindicte publique.

Quelquefois l'*homme de paille* était mis au gibet : ordinairement il était brûlé par la main du bourreau, après que lecture de la sentence avait été faite à haute voix devant le peuple assemblé.

De là vient l'expression populaire d'« homme de paille », pour désigner un mandataire apparent, un faux représentant imaginé par des gens de mauvaise foi.

Il est curieux de retrouver dans notre code civil l'expression de « jugement par effigie », pour désigner la décision rendue contre une partie non présente [1].

Il y a là de la part du législateur une simple réminiscence du passé.

A l'époque des guerres de la République

[1] Cod. civ., art. 27.

et de l'Empire, il se forma en France et en Prusse un *Club de suicide*, dont les affiliés s'engageaient à se donner la mort, dans certaines circonstances et à certaines dates prévues [1].

Le dernier représentant de cette extravagante société a, dit-on, terminé ses jours en 1809. Le règlement portait que, tous les ans, *on élirait celui des membres qui serait tenu de se détruire* [2].

L'idée n'était point nouvelle. En effet, du temps de Marc-Antoine et de Cléopâtre, le suicide jouissait en Égypte d'une telle faveur, qu'on forma une *Académie* ou Société des Synapothumènes [3], où se réunissaient les personnes déterminées à succomber ensemble.

Après la bataille d'Actium, Marc-Antoine et Cléopâtre devinrent les chefs de ce groupe, dont la grande occupation fut de rechercher les moyens les plus doux et les plus ingénieux pour finir gaiement la vie. On sait la mort d'Antoine, et celle de la belle Égyptienne ; et, bien que quelques auteurs se soient mis l'esprit à la torture afin de démon-

[1] M. Schaen, *Statist. de la Civilis.*, p. 151.
[2] *De l'imitation contagieuse*, thèse de M. Prosper Lucas, p. 32.
[3] M. Buonafede, p. 30. — De συναποθύω, tuer ensemble.

trer que la piqûre de l'aspic ne peut procurer la mort, nous tiendrons pour constante la double affirmation d'Horace et de Properce [1], contemporains de cette reine illustre.

En France, ce ne fut jamais au nom d'une idée religieuse que l'on prôna le suicide.

En Russie au contraire, déjà sous Pierre le Grand, un important groupe fanatique avait recommandé la mort « libre » comme moyen de sanctification. Les *philipoftchins* se disaient que le meilleur moyen de ne plus pécher était de se détruire...

Comme si s'arracher la vie n'était point la moins réparable des fautes !

Ils se laissaient donc mourir de faim, ou se faisaient *enterrer tout vivants*.

Encore en 1897, la police russe a découvert dans le gouvernement de Kherson, à 3 kilomètres de Tiraspol, plusieurs groupes de cadavres de fanatiques qui s'étaient fait emmurer vifs, pour éviter l'antéchrist annoncé par une sorte de prophétesse, Vitalia.

Un riche paysan de la contrée, Kovalev, a avoué, devant le juge d'instruction, avoir prêté son concours à ce suicide collectif, qui semble avoir compris vingt-six personnes.

---

[1] *Odes*, I, XXXI, 25 ; et les vers de Properce commençant ainsi : *Brachia spectavi...*

Kovalev creusa toutes les tombes. Dans la première il fit pénétrer cinq hommes, trois femmes et deux enfants; puis il en ferma l'entrée avec des briques et de la chaux. Lorsqu'on ouvrit cette tombe, on constata que les enfants avaient tenté de se soustraire à la mort, et que, de leurs doigts crispés, ils étaient parvenus à dégager une certaine quantité de terre autour d'eux.

Dans la seconde tombe, se trouvaient trois personnes adultes et trois enfants; dans la troisième, quatre femmes, parmi lesquelles la sœur de Kovalev. D'après ce que raconta ce dernier, les quatre femmes assistèrent au creusement de la fosse, et lorsqu'il eut fini son travail, il leur dit tranquillement : « Maintenant tout est prêt; descendez si vous n'avez pas changé d'avis. » Elles descendirent, et Kovalev mura l'entrée.

Dans la quatrième tombe, qui avait été décorée, se trouvaient les autres cadavres : la prophétesse elle-même, la mère de Kovalev, son frère et trois femmes.

Si l'on se place au point de vue légal et critique, le suicide soulève de graves problèmes que l'on ne saurait passer sous silence : ainsi quand un homme prête son concours à

un désespéré qui veut mourir, est-il complice
d'assassinat, d'après notre code pénal, comme
il l'est en pareil cas au regard de la conscience et de la loi religieuse?

Dans une thèse spécieuse, l'auteur de la
Sociologie criminelle[1] prétend que l'homme
a, tout ensemble, le droit de se détruire « et
par suite celui de *se faire tuer si bon lui
semble*, à condition que celui qui tue agisse
non seulement avec le consentement de la
victime et par ses prières, mais aussi pour
des motifs moraux et humanitaires (tels que
la pitié, l'amour); alors, ose soutenir l'auteur,
le droit de mourir et de se faire tuer concorde
avec l'intention bienfaisante de l'agent, dont
l'acte, en pareil cas, doit mériter l'acquitte-
ment et même l'approbation. »

Heureusement, l'énormité du sophisme est
si manifeste, qu'elle atténue de beaucoup
les conséquences de cette scandaleuse théorie.

En quoi un crime deviendrait-il donc légitime parce qu'il a été commis à deux ?

Dans les lignes suivantes, J.-J. Rousseau
a bien mis en relief les puissants motifs qui,
en dehors même du sentiment religieux, doi-

[1] Enrico Ferri.

vent détourner de cette lâcheté : « Le suicide est une mort furtive et honteuse, un vol fait au genre humain. Tu te dis inutile au monde, philosophe d'un jour? Ignores-tu que tu ne saurais faire un pas sur la terre sans trouver quelque devoir à remplir! S'il te reste au fond du cœur le moindre sentiment de vertu, viens que je t'apprenne à aimer la vie. Chaque fois que tu seras tenté d'en sortir, dis en toi-même : Que je fasse encore une bonne action avant de mourir! Puis va chercher quelque indigent à secourir, quelque infortuné à consoler, quelque opprimé à délivrer. »

Dans notre législation, le suicide n'est pas un délit; par suite, en droit, il ne saurait y avoir complicité, c'est-à-dire participation criminelle dans le fait, si blâmable soit-il, d'encourager un désespéré à perpétrer ses funestes projets.

Cependant s'il y a la plus légère coopération, non plus intellectuelle mais active, de la part d'un tiers, — fût-ce à la demande instante ou même sur l'ordre formel de la victime, — la responsabilité de l'auxiliaire se trouve engagée légalement. Et, en effet, apporter un concours bénévole à l'exécution d'une œuvre de mort, est une complaisance inexcusable : cette compassion prétendue n'est qu'une connivence meurtrière, en dépit des arguments invoqués pour la justifier, pour la poétiser.

On peut même trouver des législations modernes qui châtient la *tentative de suicide :* par exemple l'article 1473 du Code pénal de 1866, en Russie ; le Code pénal de l'État de New-York, § 174, et aussi la loi anglaise[1].

Plus d'une fois on arrive à contourner la loi en concluant à l'aliénation mentale, c'est-à-dire à l'irresponsabilité de celui qui a voulu mourir. Néanmoins, dans la statistique judiciaire de ce dernier pays, nous voyons pour une seule année cent six personnes, soixante-seize hommes et trente femmes, poursuivies pour « tentative de suicide[2] », et quatre-vingt-quatre condamnations prononcées : plusieurs s'élèvent à cinq ou six mois de prison.

Enfin, au Japon, le Code de 1886[3] punit de six mois à trois ans de prison l'*harakiri* traditionnel, c'est-à-dire les actes faits en vue de s'ôter la vie, soit directement, soit au moyen d'un concours étranger.

Citons quelques traits de l'intervention de

[1] M. Steplen, *Digest of the criminal Law.*
[2] *Attempt to commit.*
[3] Code de 1880, revisé en 1886 par M. Boissonade.

tierces personnes dans des actes de suicide.

Le colonel Combes tua d'un coup de *pistolet* un de ses compagnons d'armes, qui, gravement blessé sur le champ de bataille, lui demandait au nom de l'amitié de l'achever.

La comtesse Bathyani rendant visite à son mari qui était retenu en prison, lui remit un *canif* avec lequel il se coupa les veines afin de ne pas comparaître devant ses juges. (Holzsendorff, *Mord und Todesstrafe*, Berlin.)

Le même cas s'est présenté en 1882, pour le comte Faella, de l'Université de Bologne, qui, poursuivi sous l'inculpation d'assassinat, reçut de sa femme un *poison* mortel.

Un certain Lefloch, traduit devant la cour d'assises du Finistère, avait, pour répondre au désir d'un ami, consenti à lui porter un coup mortel; au préalable, il avait pris la précaution de demander à son camarade *l'ordre écrit de le tuer.*

La cour de Cassation, appelée à se prononcer sur ce cas, déclara qu'aucune volonté particulière ne devait absoudre et rendre licite une violence, coupable en soi; et que l'acquiescement de la personne ne pouvait en rien constituer l'excuse légale de la provocation.

Non seulement le meurtre commandé ou

sollicité « n'est pas excusable », mais les simples blessures faites à autrui, fût-ce d'accord, n'en constituent pas moins un délit punissable[1].

L'exemple le plus délicat qui se puisse rencontrer en pareille matière est peut-être le suivant.

« Mourir ensemble serait doux ! » se dirent un jour un fiancé nommé Copillet et sa promise, dont les sentiments exaltés par les romans les plus passionnés rencontraient une opposition résolue dans leurs familles respectives.

Un jour, dans une sorte de daltonisme moral, le bleu de leurs rêves se transformant en une coupable folie, leur fait voir rouge tout à coup : ils prennent une résolution meurtrière, et se promettent de faire feu l'un sur l'autre, pour en finir avec la vie qu'ils jugent intolérable. Le projet s'exécute, Copillet tire sur Julienne et la blesse mortellement ; tandis que la balle de Julienne n'atteint pas son complice... Des poursuites furent intentées contre le survivant, accusé de meurtre volontaire. Cependant la chambre des mises en accusation se laissa apitoyer par la

---

[1] Art. 309. — On peut citer aussi l'exemple de jeunes conscrits se faisant estropier par des amis, dans l'espoir d'échapper au service militaire.

particularité de ce drame sentimental. Aussi un arrêt de non-lieu intervint-il. Mais le garde des sceaux se pourvut en cassation contre cette dangereuse décision, qui fut annulée par la cour suprème pour fausse application de la loi [1].

Dans un magistral réquisitoire, M. Dupin soutint cette thèse : le concours apporté à la perpétration d'un suicide est par lui-même un acte meurtrier, ne pouvant jamais constituer une complicité de suicide; dans le cas, pour qu'il y eût double suicide, il aurait fallu que chacun se détruisît *par un acte personnel;* tandis que celui qui accepte l'odieuse fonction de donner la mort à autrui est coupable de meurtre, et doit être châtié en conséquence.

On pourrait citer encore d'autres décisions conformes à cette jurisprudence, pleinement justifiée en morale.

Au point de vue médical, il est constant que l'hérédité peut, dans une certaine mesure, prédisposer au suicide. Toutefois il ne faudrait pas donner à ces tendances une importance excessive, ni exagérer l'influence de l'atavisme dans cet ordre d'idées. Sans doute, on a vu des individus se détruire au même âge

[1] 23 juin 1838, Cassat.

et de la même manière qu'avait fait leur père ; mais est-il certain que ce soient là les conséquences directes et fatales d'une transmission physiologique ?

La faute n'en est-elle pas, pour beaucoup, à l'éducation reçue au foyer, au souvenir troublant qui hante l'imagination des enfants de la victime volontaire, et surtout à l'influence du milieu ?

Il va sans dire qu'il ne faut pas nier les causes prédisposantes ; pourtant un spécialiste, M. le Dr Paul Moreau, de Tours, estime avec raison que les vraies suggestions du suicide sont avant tout des *causes d'ordre moral* dont il donne la judicieuse énumération suivante : la facilité des plaisirs, les mauvaises lectures, les spectacles scandaleux, l'exemple si contagieux du vice, la vue continuelle du luxe, et l'absence ou l'affaiblissement des principes religieux et moraux.

Il n'est peut-être point d'étude sociale plus instructive, que l'histoire de cet attentat contre la société et contre soi-même, qui s'appelle le suicide : donnons-en quelques preuves frappantes.

Si l'on recherche d'abord quelles sont les *opinions religieuses* des victimes, on remarque que les catholiques se tuent cent fois moins que les incrédules; et que les juifs sont ceux qui tiennent le plus à la vie. L'explication est la suivante : la doctrine de l'Église et ses anathèmes, à cet égard, sont bien de nature à écarter l'idée d'une pareille faute. Quant aux Juifs, tout le monde sait qu'ils ne sont pas de ceux qui méprisent les biens de ce monde, et que de plus la misère, cause de près de mille suicides annuels, rien qu'en France, les atteint rarement.

D'après la statistique, c'est le sexe faible qui se détruit le moins, c'est-à-dire qui se montre le plus fort contre la douleur. Prenant une période de quinze années, on trouve que sur soixante-dix-neuf mille cas, *soixante-trois mille suicidés sont du sexe masculin* et *seize mille du sexe féminin.*

La raison, la voici : la femme garde dans son cœur des principes religieux qui l'arment utilement contre le désespoir suprême.

L'homme n'est que valeureux; la femme, elle, a le vrai courage : celui de la résignation et de la souffrance.

Il est curieux de comparer les *genres de mort* préférés. La femme s'empoisonne, s'asphyxie et surtout se noie; l'homme se pend plutôt, se brûle la cervelle.

Relevons quelques chiffres proportionnels quant au mode de trépas recherché par mille hommes et mille femmes suicidés : strangulation ; 468 hommes et 311 femmes : — armes : 35 hommes et 28 femmes ; — asphyxie : 52 hommes et 133 femmes ; — poison : 15 hommes et 37 femmes ; — submersion ; 254 hommes et 423 femmes, etc... Ces chiffres ne visant que les sortes de mort choisies par un même nombre de suicidés de l'un et l'autre sexe ne contredisent en rien ce fait, c'est-à-dire que toute proportion gardée, *la femme se détruit environ trois fois moins que l'homme.*

En Europe, le suicide par empoisonnement a toujours lieu au moyen de toxiques chimiques ; mais en Orient, le venin animal est un des moyens les plus pratiqués pour s'inoculer un virus mortel. L'empoisonnement par le venin de vipère a été l'objet d'un mémoire couronné par l'Académie de médecine. L'auteur de l'étude [1] constate que le venin détermine d'abord une excitation très prononcée, suivie d'une sorte d'assoupissement qui persiste jusqu'au moment suprême, ce qui le fait rechercher de préférence aux autres toxiques.

[1] M. Kauffmann.

De tous les serpents à piqûre mortelle, il n'en est pas de plus terrible que l'espèce naja ou cobra [1].

Ce serpent est plus dangereux même que les crotales, les trigonocéphales du Nouveau Monde, à tel point que les rapports officiels accusent une mortalité annuelle de 200.000 personnes, causée, accidentellement ou non, par ce venin, rien que dans l'Inde anglaise !

Le directeur de l'Institut bactériologique de Saïgon [2] a pu faire d'intéressantes expériences à ce sujet... Un Annamite, étant parvenu à s'emparer de dix-neuf serpents, les expédia à Saïgon ; quatorze y arrivèrent vivants dans le baril qui les contenait. On prit du venin extrait des glandes de ces reptiles ; on l'étendit dans 3oo grammes d'eau distillée ; et une goutte de ce liquide ayant été introduite dans les veines de l'oreille de divers animaux, ils succombèrent au bout de cinq minutes à peine [3].

---

[1] *Naja tripudians* ou *Cobra capello*, sorte de couleuvre à chaperon.

[2] M. Calmette, v. *Rev. Scientif.*, 23 avril 1892. Ce savant signale le chlorure d'or comme neutralisant l'action de la morsure.

[3] Quel est au juste le principe actif de ce venin subtil ? M. Gautier croit que le venin de ces ophidiens serait une exagération de la ptyaline, se rapprochant des éléments de l'urée. — V. aussi l'étude de M. Calmette : *Archives de Médecine.*

Dans tous les pays, ce sont surtout les célibataires qui se donnent la mort, puis les veufs : *les gens mariés sont ceux qui se tuent le moins.* Et cependant il semblerait que les charges et les soucis de famille doivent leur rendre la vie plus difficile : or c'est tout le contraire.

Ainsi, pour ne parler que des hommes, la proportion des suicidés est environ de 270 hommes mariés, contre 420 célibataires.

Une autre remarque qui contredit l'opinion commune est la suivante : novembre, décembre, janvier, c'est-à-dire les mois les plus durs, les plus pénibles de l'année, sont ceux où l'on se détruit le moins : tandis que le beau mois de juillet voit le chiffre mensuel des suicides passer de 460 environ à 800 ou 900.

Relativement peu de morts volontaires sont dues à la *misère,* alors que les suicides dits passionnels sont incalculables en quelque sorte.

Ces fins tragiques sont plus fréquentes dans les grands centres que dans les campagnes ; et Paris est la ville d'Europe où l'on se tue le plus... Serait-ce parce que notre capitale est celle qui offre le maximum de plaisirs imaginables ?

La publicité complaisante donnée aux

suicides est peut-être la cause la plus active des nombreux exemples dont nous sommes chaque jour témoins.

A son insu, la presse les propage par le retentissement qu'elle leur donne, et par les détails tragiques qu'elle aime à reproduire.

A ces lectures émouvantes, la sensibilité maladive de plusieurs s'exalte; l'imagination s'enfièvre et ravive déceptions, découragements ou douleurs qui, hier encore, sommeillaient sans danger.

Le nombre des suicides a plus que quadruplé depuis un demi-siècle. De 1827 à 1830, la proportion annuelle était de *cinq* par cent mille habitants; cette proportion monte à *dix*, de 1851 à 1855; de 1871 à 1875 elle s'élève à *quinze*, atteint *dix-sept* de 1876 à 1880, dépasse *vingt-deux* en 1890...

Par année, actuellement en France, *neuf mille* personnes, en moyenne, s'arrachent volontairement à l'existence.

En 1815, alors que Napoléon Ier était sur le navire *le Northumberland* qui le transportait à Sainte-Hélène, divers amis de l'illustre captif lui parlèrent du vague espoir qu'avait l'Angleterre de voir le vaincu s'ôter la vie, plutôt que de subir la cruelle humiliation de l'exil[1]. Alors, l'empereur prenant la parole avec émotion, répondit : « Selon moi, le suicide est le plus révoltant de tous les crimes. Ma raison ne m'offre rien qui le justifie. Comment un homme peut-il prétendre avoir du courage quand il n'en a pas contre l'infortune ? Le véritable héroïsme consiste à se mettre au-dessus des malheurs de la vie : de quelque nature qu'ils soient, on doit les défier ou les combattre. »

Il n'est pas mauvais de rappeler ce noble langage à une époque où le suicide fait des ravages dans tous rangs, et jusque dans ceux des écoliers.

Ce délire invraisemblable chez un enfant : le dégoût de l'existence, avant même d'avoir eu le temps de la connaître! le découragement avant la lutte, la satiété avant le banquet, sont désormais une réalité douloureuse qui prend la proportion d'une énormité sociale et d'un scandale public. Tels sont, hélas! les fruits mortels de l'éducation sans Dieu : ne croyant plus à rien, ne trouvant pas que la vie « vaille la peine de vivre », cherchant la nuit avant la fin du jour, blasphémant la lumière du ciel, tout jeune encore l'enfant

---

[1] Correspond. du Dr Warden, médecin à bord du *Northumberland.*

impie rêve de mort et aspire au néant « pour
n'être plus ennuyé ni grondé », selon le mot
typique d'un de ces petits malheureux qui
avait connu à peine huit printemps!

II. Du parricide. — A raison de son caractère odieux, le parricide a été frappé, de tout
temps, des plus graves châtiments. Chez les
Hébreux, la loi de Moïse prononçait la peine
de mort[1].

La législation de l'ancienne *Rome* n'avait
d'abord établi aucune peine spéciale contre
les parricides; le législateur ne voulait pas
supposer qu'un pareil crime pût jamais être
commis : du moins telle est l'explication que
donnent les auteurs sur cette lacune de la
loi.

Et effectivement le parricide demeura,
sinon inconnu, du moins impuni à Rome,
jusqu'à l'an 302 de sa fondation.

Mais par suite de la corruption des mœurs,
des exemples de ce forfait s'étant multipliés,
la loi des Douze Tables édicta une peine exceptionnelle : le coupable était cousu dans
un sac de cuir puis précipité dans la mer.

Cette sanction fut ensuite aggravée : le sac

[1] *Exode*, ch. XXI, v. 17 : « Qui percusserit patrem
suum aut matrem, morte moriatur. »

de cuir renferma avec le coupable certains animaux, à la fureur desquels il était livré : un *singe*, une *vipère*, un *chien* et un *coq* [1]. Au préalable il avait été flagellé jusqu'au sang, et dégradé publiquement s'il était citoyen romain. Cicéron admirait l'ingénieuse combinaison de ce châtiment raffiné [2].

La pénalité fut modifiée plus tard : quand la mer se trouvait trop éloignée du lieu de la condamnation, le coupable, d'après une constitution de l'empereur Adrien, était *livré aux bêtes ou brûlé vif*.

Constantin rétablit le mode originaire du supplice des parricides, sans l'adjonction des animaux dans le sac employé pour l'exécution.

En France, avant 1791 [3], le fils parricide, après avoir fait amende honorable, la hart au col (la corde au cou), était condamné, d'après la jurisprudence ordinaire, à avoir le *poing droit coupé* ; puis il était mis sur la roue et *rompu vif* ; son corps devait être ensuite brûlé, et ses cendres jetées au vent.

[1] L. 9. *Ad. leg. Pomp.* (De Parricid.) — *L. unic.* (au c. De his qui parr.) — *Instit.* (de pub. jud.)
[2] *Pro Roscio*, 71. — Juven., *Sat.*, XIII, v. 154. — Quint., *Instit. orat.*, VII, 8.
[3] Muyard de Vouglans, p. 176. — Jousse, t. IV, p. 20. — Parlement de Paris, 16 décembre 1767. — Dall., XIV, 594.

Lorsqu'une fille se rendait coupable de ce crime, elle était ou pendue ou livrée au feu, car les femmes par raison de décence publique ne pouvaient pas être soumises au supplice de la roue.

Le Code de 1791 ne porta contre les par ri-cides que la peine de mort, sans autre condi-tion que d'avoir la tête et le visage voilés jusqu'au moment de l'exécution.

Ajouter des tortures préalables semblerait à nos mœurs actuelles un acte barbare, sus-ceptible de discréditer l'autorité de la loi, et même de développer des instincts cruels dans le peuple témoin des châtiments. Cependant le code pénal de 1810 voulut, pour augmenter la répression, que celui qui avait donné la mort à son père eût le *poignet coupé* avant de subir la peine capitale; et ce n'est qu'en 1832, lors de la revision du code, que cette mutilation fut supprimée.

Nous avons vu dans l'un des musées d'Anvers le *billot des parricides* qui, sous l'empire de la loi de 1810, servait à cette amputation. Il se compose d'une pièce de chêne longue de soixante-dix centimètres et épaisse de douze environ. A l'une des extrémités de cette masse de bois, sorte de tabouret monté sur quatre pieds obliques, est fixé un court montant formant équerre, et dont le haut, découpé en forme de gouttière, recevait l'avant-bras du meurtrier.

Au billot était attaché une sorte de coutelas massif, au moyen duquel le bourreau abattait le poignet d'un seul coup.

Une profonde entaille, visible sur la tranche supérieure, nous montra que l'instrument avait servi, et qu'il avait été rougi du sang d'un fils impie.

Le châtiment du parricide reste encore, de nos jours, entouré d'un cérémonial particulier et d'un appareil spécial, de nature à frapper vivement l'imagination des assistants. D'après la loi actuelle, le condamné est conduit au lieu de l'exécution, *en chemise, nu-pieds, la tête couverte d'un voile noir;* et il est ainsi exposé sur l'échafaud pendant qu'un huissier donne, à haute voix, lecture de l'arrêt de la Cour.

Cette aggravation de pénalité est insignifiante, si on la compare, par exemple, à l'effroyable torture prévue contre le parricide dans les lois du Céleste Empire.

En effet, si les Chinois n'ont pas le sentiment paternel très développé (l'abandon fréquent qu'ils font de leurs enfants le prouve surabondamment), par contre, la piété filiale est pour eux le principe fondamental de la société et de la famille, à tel point qu'assimilant le parricide au crime de lèse-majesté, on réserve au coupable la mort lente ou *supplice des couteaux* connu sous le nom de *kiao*.

Nous allons le rappeler brièvement; toutefois nous conseillons aux lecteurs impressionnables de tourner la page, s'ils veulent éviter la description d'un tableau véritablement affreux.

La peine du *kiao* consiste à *dépecer le parricide tout vivant* [1].

Sur une place publique se dresse un gibet réservé au fils meurtrier; on l'y attache, les pieds et les mains fortement serrés par des cordes, le cou pris dans un carcan. Tout près on remarque un panier couvert, rempli de couteaux : sur le manche de chacun d'eux est désignée la partie du corps qui doit en être frappée. C'est donc le hasard, ou plutôt encore la cruauté ou l'humanité du magistrat, chargé de donner l'une après l'autre au bourreau ces lames redoutables, qui prolonge ou abrège les indescriptibles souffrances du patient. Heureux est-il quand, dès le début

[1] M. Girard, *Fr. et Chine*, I, 341.

de l'épreuve, sort du fatal panier le couteau qui doit le frapper au cœur et faire cesser son agonie !

Mais il est une première et cruelle opération qu'il ne peut éviter de subir : l'exécuteur commence toujours par lui *scalper* la tête. A l'exception d'un étroit lambeau qui reste adhérent au front, il en détache totalement la peau qu'il rabat sur le visage, à la façon d'un masque sanglant : puis, armé de lames, qui se succèdent dans ses mains, il découpe et enlève lentement les parties du corps indiquées par les couteaux : souvent il ne quitte son odieux dépeçage que par lassitude.

Le reste de l'horrible besogne est abandonné à la férocité de la populace qui achève ce que le bourreau n'a pu finir [1].

Tirons un voile sur les lugubres et pénibles images que cette étude des pénalités chinoises vient de faire passer sous nos yeux, et faisons des vœux pour que la loi de l'Évangile pénètre enfin de sa bienfaisante et douce influence la législation et les mœurs de cet immense Empire.

III. L'INFANTICIDE EN CHINE. — L'œuvre si populaire des « Petits Chinois » est trop célè-

[1] *Loc. cit.*

bre pour n'avoir pas attiré l'attention de ces détracteurs systématiques, qui prennent à partie toutes les institutions catholiques dans le but de les entraver, ou même de les détruire.

A les entendre, cette œuvre de rachat serait une véritable escroquerie, une exploitation impudente de la crédulité européenne.

Invoquer le témoignage des missionnaires pour prouver l'infanticide en Chine, serait donc se réclamer d'autorités qui, si respectables soient-elles, seraient aussitôt déclarées suspectes en tant qu'intéressées, dirait-on. Aussi entendons-nous fournir notre démonstration, en nous référant presque exclusivement à des *documents chinois* d'une inestimable valeur : ils établissent jusqu'à l'évidence que la triste pratique qui nous occupe est très générale dans le Céleste Empire, et que les filles en sont principalement les victimes.

Généralement le procédé mortel consiste à leur plonger *la tête dans un seau d'eau*, et à les laisser ainsi suspendues par les pieds jusqu'à complète asphyxie.

C'est ainsi que les « habitants du dessous du ciel » se dispensent d'élever les enfants qui les gênent.

Commençons par citer, comme preuve, les objurgations d'un célèbre Livre de morale taoïque, le *Gan shil-tang-tchou-kiai* [1] : « Cœurs durs! quoi, vous entendez sans pitié les cris de ces pauvres créatures, qui déplorent le sort qu'on leur inflige en les noyant dans un bassin d'eau? Hélas! hélas! ô douleur! Elles veulent parler: et comment le pourraient-elles? L'âme de leur mère s'est à peine propagée en elles, et l'on rompt le fil de leur destin. Le ciel veut qu'elles vivent, et les hommes veulent les tuer. Le tigre et le loup ne nuisent en rien à leurs petits : l'homme seul se montrera-t-il donc sans affection pour ses enfants, et sera-t-il au-dessous des animaux féroces? car ceux-ci ne font aucun mal à leurs semblables. »

Dans un livre destiné aux écoles [2], on lit ceci : « Il y a une classe de femmes qui ne se conforment pas à la loi naturelle et au droit, qui se défont des enfants du sexe féminin en les plongeant dans l'eau et en les faisant mourir. Or toute femme qui noyera une petite fille sera, par cela même, cause de la

---

[1] C'est-à-dire : *Commentaire explicatif de la lumière de la maison.*

[2] Le *Hio-tang-kiang-iu.* — V. les *Études sur la Chine*, par Mgr de Harlez, profes. à l'Univ. de Louvain.

mort d'un garçon. Si elle en fait périr deux, elle verra mourir deux de ses fils. Le mari qui n'aura pas su arrêter sa femme coupable aura la vie abrégée de dix ans. »

Telles sont les menaces par lesquelles on espère terrifier les parents dénaturés : la fréquence des meurtres infantiles est donc un fait constant, indéniable.

Il existe encore un ouvrage qui a pour titre significatif : *Récits avec images, pour dissuader de noyer les filles.*

Un autre livre, le *Kiang-nau-tiè-lei-tou-sin-pien*, affirme que « dans *tous* les villages, l'usage de *suffoquer* les filles est pratiqué par beaucoup de gens, et qu'on en vient même à cette extrémité de noyer les garçons ».

Le lettré Ho-tong-tse, de Shang-Haï, commence ainsi un traité : « La coutume de noyer les filles en est arrivée à dépasser en méchanceté celle des loups et des tigres. »

Le mal est si général, que les préfets chinois et les souverains ont dû sévir contre ces lâches homicides.

Nous pourrions citer tel édit d'empereur défendant ce crime avec une naïveté calculée, afin de ménager la susceptibilité de ses sujets : « Nous avions entendu dire qu'*on avait coutume dans notre Empire de noyer les filles, mais nous n'avions pu le croire.. »* Et, forcé de se rendre à l'évidence, le monarque proteste contre cette « habitude détestable de l'infanticide ».

Un autre empereur édicte 60 coups de bâton contre les parents « *noyeurs d'enfants* ».

Enfin, un récent ouvrage, le *Te-i-lu*, arrive à cette conclusion formelle : « Si l'on consulte avec sincérité les annales, on trouve que l'infanticide règne dans toutes les province de la Chine. »

Voilà des affirmations catégoriques dont l'importance ne saurait être mise en doute ; et l'on s'explique mal que M. Eug. Simon ait pu écrire que l'abandon et l'exposition des enfants étaient beaucoup plus rares en Chine qu'en France[1]. En effet, le capitaine de frégate M. Ed. Humann, qui a passé en Chine trois années en qualité d'aide de camp de M. le vice-amiral Roze, a visité précisément les orphelinats de la Procure de Ning-po où M. Simon était consul.

Or, voici ce qu'il déclare : « Ces établissements étaient *encombrés* de jeunes Chinois,

______
[1] V. *L'Enfant en Chine*, par le P. Largent, p. 10.

la plupart arrachés à la mort dès leur enfance. Ce mal de l'exposition publique ne peut être réprimé comme il conviendrait, par les autorités; cet aveu est échappé, en ma présence, au gouverneur même de la province de Canton. »

Une relation très rare, écrite en latin, datée de 1577 et dont nous donnons la traduction, constate qu'à cette époque les parents chinois étaient *libres de disposer de la vie de leur enfant ou d'en faire commerce* : « Vendre ses enfants pour subvenir à ses besoins est chose si permise aux pauvres veuves chinoises, qu'il y a beaucoup de marchands qui en font un gros trafic. Achetant les petites filles, ils leur apprennent à chanter et à jouer des instruments; quant aux petits garçons que les mères vendent par nécessité, ils sont mis à un métier; et quand ils l'ont appris, ils doivent servir leur maître pendant un certain temps [1]. »

On se rappelle qu'il y a quelques années un journal parisien très connu [2], prétendit que l'infanticide chinois n'existait que dans l'inventive imagination des uns, ou dans la stu-

[1] *Voyage en Chine*, par les PP. Martin de Herrade et Hiéronyme Marin, en 1577. Traduct. de 1614.

[2] *Le Siècle*, condamné par la huitième Chambre du Tribunal de la Seine, le 23 décembre 1875.

pide crédulité des autres ; de ce chef il fut condamné par le Tribunal de la Seine, pour diffamation envers l'Œuvre de la Sainte-Enfance.

Cependant comme la diffamation est, en droit, indépendante de la vérité de l'imputation, il en résulte que les témoignages qui précèdent ont une importance capitale pour établir les faits d'infanticide qui, à la rigueur, pourraient être contestés en dépit de la condamnation intervenue.

A tous les noms que nous avons cités, nous ajouterons celui d'un attaché militaire de Chine à Paris, le colonel *Tchen-ki-tong*[1]. Il reconnaît que « les missions chinoises, soutenues par la collecte des petits sous, ont fondé des établissements qui rendent de très grands services aux enfants abandonnés ».

« Dans les sentiers boueux et déserts qui longent les murs en terre d'un petit village voisin de Canton, écrit M. le marquis de Beauvoir[2], nous voyons à trois pas, dans les herbes abattues par la gelée, un petit panier en nattes, cousu à son orifice : quelque chose semble remuer dedans : la natte souple semble se soulever, puis retomber. Avec un cou-

---

[1] *La Chine et les Chinois.*
[2] Relation de son voyage autour du monde.

teau nous entr'ouvrons le tissu grossier, et nous trouvons un petit être nu, blême et glacé de froid, âgé peut-être de vingt-quatre heures, qui vagit plaintivement. Au bout d'un instant, d'autres cris lui répondent: ils s'échappent d'un buisson voisin, où un autre enfant se débat aussi contre la mort. Celui-ci a sans doute été jeté par-dessus le mur, car il semble estropié. Sur un espace de cinq cents mètres le long de ce sentier, nous comptons bientôt *sept* moribonds, âgés de quelques heures seulement! Les uns sont atteints de la lèpre; les autres sont presque entièrement raidis; un d'eux a un coup de couteau dans le côté. Je ne puis dire combien notre cœur se soulève de pitié et de colère à la vue de ces enfants, qui gisent là meurtris ou paralysés. »

Reste une explication à donner sur le choix spécial qui est fait des filles, comme victimes de la cruauté chinoise.

Sans doute en Chine, comme partout, la fille est d'un établissement plus difficile: cependant il y a d'autres causes encore à la destruction particulière des enfants du sexe féminin. En effet, le Chinois, ainsi que les anciens Romains, tient essentiellement à continuer le *culte des ancêtres*, et c'est le fils seul qui, au foyer, a mission de rendre les honneurs à la mémoire de son père.

De plus, la croyance à la métempsycose favorise ces meurtres, car « le Chinois, en éconduisant d'un corps féminin l'*âme de sa fille*, a l'espoir secret que cette âme errante ira chercher fortune ailleurs, et trouvera peut-être un sort meilleur que celui qui l'attendait, en tant que fille... Or, pour eux, la seule destinée enviable est d'être *garçon*. »

Notons enfin, comme significative, une Société protectrice de l'enfance dont parle le *Wei Pao*, journal de Chang-Haï, et dont l'article 12 du règlement rappelle que la Société est surtout établie « en vue d'empêcher la noyade des enfants ».

Mgr Favier, vicaire apostolique de Péking, qui pendant près de quarante ans a évangélisé la Chine, précise les faits suivants : « En traversant la ville de bon matin, un Européen put voir des chiens qui se disputaient les lambeaux de chair d'une petite fille de trois ou quatre ans, déjà à moitié mangée lorsqu'il arriva. Un autre jour, il vit des milans et des corbeaux dépecer, sur un talus, un garçonnet de quatre à cinq ans. Ces exemples ne sont pas rares, et on aurait souvent sous les yeux ce triste spectacle, si un tombereau traîné par un bœuf ne parcourait les différents quartiers de la ville, pour recueillir les enfants morts. Parmi eux, il s'en rencontre quelquefois de vivants. Un enfant est-il malade, rachitique, boiteux, bossu? le Chinois, moins sensible à l'affection paternelle que l'Européen, ne se fait pas scrupule de le compter déjà comme mort et de l'abandonner. Les neuf dixièmes sont des filles. »

Si le Céleste Empire est tristement célèbre par la fréquence des infanticides qui s'y commettent, ce n'est point, hélas! le seul pays où cela se pratique.

Au rapport de M. Reichenbach, dans le royaume d'Assinie, sur la côte d'Ivoire, le dixième enfant de chaque famille est irrévocablement voué au trépas! De même le petit être affligé de quelque imperfection physique est aussi condamné à mourir.

Dans les deux cas, le nouveau-né est d'abord arraché à sa mère, on l'enduit de couleur rouge, et les parents de la femme l'emportent dans la forêt, où *ils l'enterrent vivant.*

La France, dont l'action civilisatrice rayonne en ces pays, ne peut certes couvrir de son pavillon de pareils forfaits; mais il faudra que de longues années s'écoulent encore avant qu'on puisse extirper entièrement des coutumes aussi invétérées.

CHAPITRE III

SUPPLICES CAPITAUX CHEZ LES DIVERS PEUPLES

I. — Par là même qu'à toutes les époques
il s'est rencontré des hommes violents et criminels, capables d'attenter à la liberté, aux

biens et même à la vie de leurs semblables, la société s'est trouvée dans la nécessité d'édicter des peines graduées pour châtier les coupables, et aussi pour terrifier ceux qui, mus par la cupidité ou la vengeance, se sentiraient portés à les imiter.

Mais, tandis que les législateurs modernes se préoccupent, avec raison, de ne recourir aux châtiments que dans la stricte mesure commandée par l'intérêt public et la sauvegarde des faibles, les chefs des anciens peuples, au contraire, compensaient l'insuffisance de leur justice, par la barbarie de leurs mesures répressives.

En tout cas, si l'on en excepte la juridiction ecclésiastique, il n'est point de code qui, dans le passé, n'ait jugé la peine capitale inévitable comme moyen de protection.

Jadis en Égypte les exécutions se faisaient au moyen du *sabre* : c'est la décollation; mais la loi admettait aussi l'*istilham* ou *dilaniation* : le condamné était déchiqueté vif par le bourreau!

Il y avait encore pour les assassins le supplice du *châmgât*. Voici l'épouvantable description qu'en a donnée le scheikh Mohammed ibn-Omar el-Tousy : on prenait un grand vase de terre cuite, peu profond, qu'on remplissait d'étoupes enduites de poix et de goudron. Cela fait, on amenait le condamné, on lui liait les bras à un long bâton qui, passant sur la poitrine, allait jusqu'à l'extrémité des doigts. A son cou, on mettait un anneau de fer d'où descendaient quatre ou cinq longues chaînes.

Le malheureux était ensuite habillé de vêtements enduits de résine, et assis dans le vase de terre, qu'on assujettissait fortement à la *selle d'un chameau;* puis, le long du bâton qui maintenait les bras étendus, on fixait une série de mèches résineuses enflammées.

La figure du condamné était également enduite de poix et de goudron en feu : des gémissements affreux témoignaient des souffrances inouïes qu'endurait le patient. On promenait ce lamentable cortège par les rues de la ville, les marchés et les places publiques.

Ces atrocités, particulièrement en usage au temps des Mamelouks, produisaient sur les populations une terreur profonde. La dernière victime qui subit au Caire la peine du *châmgât* fut une femme appelée Djindyah qui avait commis plusieurs meurtres.

La noyade était surtout destinée aux femmes égyptiennes, parce que la loi reli gieuse exigeait qu'elles fussent dérobées aux regards curieux.

On les enfermait dans un sac, et on les jetait à l'eau avec une grosse pierre pour les empêcher de surnager. Impossible d'être exécuté plus modestement, ni plus sûrement.

La *strangulation* devint, dans les mœurs de l'Orient, le privilège des coupables illustres.

Quant au bâton, il fut dans le pays des Pharaons un instrument ordinaire d'éducation et de gouvernement; car selon les maximes qu'on a pu lire sur plusieurs monuments : « *Le jeune homme a un dos pour être bâtonné;* il écoute quand on le frappe. »

Le sentiment des anciens scribes n'a pas changé à cet égard, remarque M. Maxime du Camp[1]. Se trouvant un jour devant les ruines grandioses de Thèbes, il demanda comment tout cela avait pu être construit. Son guide lui répondit en montrant un palmier : « Avec cent mille branches cassées sur l'échine des gens qui ont les épaules nues, on a le moyen de bâtir bien des palais et bien des temples. »

Parmi les supplices dits capitaux dans la législation des *Hébreux*, le plus ordinaire

[1] *Le Nil.*

était la *lapidation* : on faisait mourir sous le jet de pierres les coupables, de l'un ou de l'autre sexe. L'exécution avait lieu hors de l'enceinte de la ville; et, d'après le Lévitique et le Deutéronome [1], les témoins « à charge » étaient dans la nécessité de lancer la *première pierre*. On se disait : Celui qui dénonce un forfait doit, au souvenir du crime dont il a été témoin, éprouver un sentiment d'indignation tel, qu'il ne saurait hésiter à être le premier exécuteur du châtiment qu'il a attiré sur la tête du pécheur [2].

Le Lévitique prescrit de conduire loin du camp le condamné; et son corps devait être enterré le jour même. Ainsi fut mis à mort, croit-on, le prophète Jérémie.

La peine du *feu* consistait, tantôt à être jeté dans une chaudière, ou *rôti* dans une poêle brûlante, comme cela eut lieu pour les Macchabées [3] (Raphaël a représenté sur un merveilleux carton ce tableau saisissant); tantôt à être placé sur un bûcher.

Quelquefois aussi on enfonçait le coupable

[1] *Lévit.*, xxiv, v. 14; *Nombres*, xv, v. 35. — *Deutéron.*, xiii, v. 9; xviii, v. 5 et 7.

[2] On connaît cette parole de Notre-Seigneur : « Que celui qui est sans péché lui jette *la première pierre!* »

[3] II *Macchabées*, vii, v. 3.

dans du fumier et on lui versait dans la bouche du plomb fondu[1]!

La *décapitation*, dont l'Écriture rapporte de nombreux exemples, avait lieu au moyen de la hache ou du glaive[2].

Mais l'*étranglement* était le procédé de droit commun, quand le législateur n'avait pas déterminé un mode spécial d'immolation[3].

Quelquefois encore on *précipitait* les condamnés du haut d'une tour ou d'un rocher (ainsi saint Jacques fut-il jeté de la terrasse du temple, dans la vallée profonde qui s'étendait au pied du monument); on les noyait dans la mer; on les *étouffait* avec des cendres; on les faisait *broyer* sous les pieds des animaux ou par des traîneaux à battre le grain.

De même que l'étranglement était, en principe, appliqué aux criminels, de même la *flagellation* était le genre normal de répression des délits.

Les juges faisaient attacher à une colonne ou étendre à terre le coupable, qui ne devait

---

[1] V. la *Mischna*, IV p. 237.
[2] *Livres des Juges*, IX, v. 5. — Saint Matthieu, XIV, v. 8, 10.
[3] V. de Pastoret, *Hist. de la législation*, t. IV, p. 136. — La *Mischna*, IV, p. 238.

pas recevoir plus de quarante coups. Pour ne pas dépasser le chiffre ordonné, l'officier qui présidait à l'exécution arrêtait le bourreau au trente-neuvième coup : c'est ainsi que fut traité saint Paul, comme on peut le voir dans sa seconde épître aux Corinthiens (chap. XVII).

Toutefois, en cas de cumul de délits, ou de récidive, le nombre de coups pouvait être porté à soixante-dix-neuf[1].

Si, après avoir encouru trois flagellations, un incorrigible commettait une quatrième faute, il risquait d'être placé dans un cachot où on le laissait mourir d'*inanition*.

Enfin la mort par la *scie* était généralement réservée aux prisonniers faits à la guerre ; pourtant c'est de cette manière qu'Isaïe succomba d'après l'ordre du roi Manassès[2], à qui le prophète avait reproché son impiété et son inconduite.

La scie était quelquefois remplacée par des chariots armés de faux.

A tous ces châtiments s'en joignaient d'accessoires, tels que les menottes, les colliers et les entraves de bois ou de fer[3].

Ici se pose un problème intéressant : les

---

[1] *Deutéron.*, xxv, v. 1-3. — Selden, *De Synedr.*, II, 13, § 6.

[2] Saint Jérôme *sur Isaïe*, chap. xv.

[3] D. Calmet, *Dissert.*, I, p. 251. — Ménochius.

Hébreux se servaient-ils de la *croix* comme instrument ordinaire de supplice?

D'après M. de Pastoret, on doit admettre la négative ; et l'erreur vient, dit-il, de ce que beaucoup de traducteurs ont confondu le *crucifiement* avec la *potence* ordinaire. Or ce dernier supplice consistait à attacher à des bois coudés le corps d'un coupable *après sa mort*, peine purement infamante ; et souvent, ajoute l'auteur, là où l'on a cru voir un crucifiement, il est seulement question dans les textes d' « attacher au bois la victime[1] », c'est-à-dire de l'exposer.

Dans le crucifiement, au contraire, le bourreau torturait cruellement un homme plein de vie.

Cependant l'Écriture sainte relate plusieurs exemples de crucifiement, par exemple celui des complices des Moabites[2] et celui du roi d'Haï attaché à la croix sur l'ordre de Josué.

On crucifiait de diverses manières chez les Romains : les séditieux avaient la tête en bas ; d'autres, dit Sénèque, étaient étendus sur une croix, leurs bras brisés et leur côté percé d'une lance[3].

---

[1] Dom Calmet, t. I, *Dissert.*, I, p. 243.
[2] *Liv. des Nombres*, xxv.
[3] *L'Esprit des usages*, p. Demeunier, III, 187.

Parfois on enveloppait des individus dans des *peaux de bêtes* encore fraîches, et on les exposait à la morsure des chiens furieux.

Le despotisme imagina en Orient, notamment chez les *Perses*, des tourments extraordinaires.

Certains individus étaient mis à mort par *suffocation*.

Enfermés dans une petite pièce à moitié pleine de cendres que soulevait une roue, ils finissaient par périr étouffés.

On *écorchait* vifs les condamnés : ou encore on leur arrachait les yeux de la tête que l'on recouvrait de cendre brûlante, pour augmenter la douleur ! Cambyse infligea une torture de ce genre à un juge prévaricateur ; et, détail piquant ! la peau du patient ayant été tannée, « servit à couvrir le siège sur lequel son successeur vint prendre place ».

Dans la pensée du fils de Cyrus, c'était un salutaire moyen de rappeler la magistrature « assise » au respect de sa haute fonction.

En cela les Perses imitaient les pratiques assyriennes, comme on le voit dans un de ces précieux bulletins de campagnes que, 882 ans avant notre ère, Assurnazirhapal faisait inscrire sur les murs de son palais :

« *J'ai fait écorcher les chefs de la révolte, et j'ai couvert ce mur avec leur peau ;* quelques-uns ont été *murés vivants* dans la maçonnerie ; quelques autres, crucifiés ou empalés ; j'en fis écorcher beaucoup en ma présence, et de leur peau on couvrit la muraille. »

Et le roi farouche ajoute cette description de son triomphe macabre : « Je fis assembler leurs têtes en forme de couronnes, et les cadavres transpercés furent disposés en guirlandes humaines[1]. »

Mais rien de plus raffiné peut-être que le supplice des *auges*. On plaçait le criminel à la renverse dans une sorte de boîte, et, après l'avoir fortement attaché par les quatre membres, on le couvrait d'une auge, à la réserve de la tête, des pieds et des mains qui sortaient par des trous faits exprès ; on le forçait à prendre de la nourriture pour prolonger l'épreuve.

Exposé aux rayons du soleil ardent, le visage et les extrémités enduits de miel, le malheureux se sentait dévoré par les insectes, les mouches et les vers, et ne succombait qu'après quinze à vingt jours de tortures inexprimables[2].

[1] *Civil. anc.*, Seignobos.
[2] Abbé Receveur.

La législation *athénienne* prodiguait la peine de mort, surtout à l'égard des crimes contre la chose publique, ou contre la religion [1]; et on rasait la maison du coupable.

Au moyen âge, elle était *arse* (brûlée) afin de supprimer à la fois le criminel et la demeure qui l'avait abrité.

Les peines principales étaient la *décapitation* par le glaive, et la lapidation [2]. Eschyle faillit la subir pour un drame qui offensait la divinité [3]. D'après Platon [4], les magistrats qui avaient condamné se trouvaient obligés de venir lancer la première pierre, comme sanction de la sincérité de leur arrêt.

Le *poison* aussi figurait comme châtiment de ceux que l'on accusait d'avoir outragé la patrie ou le culte : c'est ce genre de mort qui fut réservé à Socrate.

Il y avait encore : le *bâton* (le coupable était frappé jusqu'à ce que mort s'ensuivît [5]), et l'*abîme*, gouffre ou *barathre*, fosse profonde dans laquelle on jetait les victimes. Miltiade y fut condamné par un décret du peuple; mais

---

[1] De Pastoret, *Hist. de la Légis.*, IV, p. 480.
[2] Démosthène, *Sur la Couronne;* et Cicéron, *De offic.*, 3, § 2.
[3] Elien, *His. div.*, ch. XXIX.
[4] Platon, *Lois*, 9.
[5] *Lysias c. Agoratus.*

la peine fut commuée à la dernière heure[1].

Aucune poursuite n'était admise en matière criminelle à moins que la dénonciation ne fût écrite par le délateur; et cette dénonciation était affichée sur un petit tableau.

Quand on mettait à prix la tête d'un ennemi de la patrie, un héraut publiait la somme offerte en prime, et l'argent était porté sur l'autel d'une divinité.

La manière d'opiner dans les jugements, en matière pénale, différa selon les époques.

D'abord chaque juge prenait un *petit caillou* comme suffrage, et allait le déposer en silence dans l'une des deux urnes placées en un lieu retiré de l'assemblée : l'une de ces urnes était appelée « l'Urne de mort »; et la seconde « l'Urne de la miséricorde ».

Ce moyen de recueillir les votes offrait toutes les garanties de sincérité; mais il déplut aux trente Tyrans, qui, désireux de connaître l'avis des magistrats et d'exercer sur leur conscience une pression politique, décidèrent que dorénavant les juges apporteraient, à la vue de tous, leur vote, c'est-à-dire « leurs cailloux », sur deux tables dites *table de vie* et *table de mort*, ce qui permet-

---

[1] Platon dans le *Gorgias*.

trait de connaître le sentiment de chacun.

Ces « calculs » étaient d'abord des morceaux
de coquille de mer, des *jetons de nacre*, que
l'on remettait aux membres du tribunal au
moment de leur entrée en séance.

Dans la suite, les coquilles furent rempla-
cées pas des pièces de métal, appelées *spon-
dyles* : celles qui impliquaient la condamnation étaient noires et percées au centre; les
autres, blanches et entières.

Dans les causes criminelles on observait la
double procédure suivante, que rappelle un
peu celle de nos cours d'assises.

Par une première décision on déclarait l'accusé coupable, ou innocent; et par un second
arrèt on fixait la peine encourue.

Une interpellation extraordinaire, mais qui
s'explique cependant, était faite avant cet
arrèt : s'adressant à l'inculpé, le président,
excepté dans les causes capitales, le conviait
à déclarer, en son âme et conscience, *quel
châtiment il estimait avoir mérité...*

Reconnaissait-il avoir commis une « grande
faute », le tribunal se montrait indulgent.
Mais s'il croyait habile de taxer la sanction
au-dessous de ce qui était juste, les juges le
traitaient sévèrement, car en cela il donnait la

mesure de sa perversité, et dénonçait l'absence de tout repentir.

Avant de conduire la victime au lieu d'expiation, *on rayait son nom du tableau des citoyens*; en sorte que, par un subterfuge légal, ce n'était plus un citoyen qu'on exécutait, et l'infamie ne rejaillissait pas sur cette qualification glorieuse[1].

Comme pénalité secondaire, on condamnait aux *stigmates* imprimés avec un *fer brûlant* sur une partie du corps.

Pour les esclaves, c'était le nom du maître qu'on gravait sur leur front; pour les soldats, c'était celui de leur général qu'on incrustait ainsi sur leurs mains, d'une façon indélébile.

Enfin l'époux infidèle encourait une originale expiation : *on lui arrachait les cheveux*, ce qui d'abord était une cuisante douleur et, de plus, rendait plus difficiles pour l'avenir ses entreprises galantes. Le procédé était correctif et préventif tout ensemble[2].

A Rome, un mode d'exécution très usité

---

[1] Meursius, philologue hollandais, *Them. attic.*, III, ch. xii.

[2] Dans divers ordres du jour de l'époque du premier Empire, on voit que les généraux pour se débarrasser de nombre de femmes qui suivaient les armées, leur faisaient raser les cheveux, et *peindre en noir* le visage au moyen d'une teinture mordante et durable; « puis, au son de la musique, elles défilaient

était la *strangulation* : ainsi périrent les complices de C. Gracchus et ceux de Catilina.

C'est dans le *Tullianum*, cachot situé à dix pieds au-dessous du sol et dont la construction remontait au roi Tullius, que l'on infligeait ce supplice, le seul qui fût secret [1].

Celui qui était condamné à la *hache* avait la tête tranchée par le licteur : ainsi périrent, lors de l'expulsion de Tarquin, les enfants de Junius Brutus et tant d'autres victimes.

La *précipitation* consistait à être lancé du haut de la roche Tarpéienne, au bas de laquelle des pointes aiguës, scellées dans le roc, déchiraient les infortunés dans leur chute [2].

Ordinairement, les suppliciés romains n'avaient point droit à la sépulture. Ceux qui avaient péri par la strangulation étaient tirés du cachot au moyen de grands crochets, et exposés sur les degrés des gémonies; on jetait ensuite le cadavre dans le Tibre.

L'interdiction *du feu et de l'eau* était une

à la parade devant les troupes. » De même on « tondait » les cantinières coupables de larcin, ou on les baignait dans des dépotoirs infects. Citons entre autres les décisions du 27 nivôse an II, à Mâcon, et du 8 germinal an VI, au quartier général de Villach.

[1] Varron, lib. VI, et Festus. — Voir aussi M. Alb. de Boys, *Hist. du Dr. crim. des peuples anciens*, p. 49. — Tite-Live, I, 26; II, 5.

[2] Appien, *De bell. civ.*, lib. III.

formule délicate pour désigner l'exil. En effet, priver un homme d'eau et de feu, choses nécessaires à la vie, équivalait à lui imposer de prendre la fuite pour trouver à l'étranger les moyens d'existence que sa patrie lui refusait. Cet expédient fut imaginé pour ne pas exercer de violence directe sur un citoyen romain.

Au lieu de le conduire à la frontière, on lui rendait le séjour impossible.

On ne l'expulsait pas : il s'en allait!

Mais bientôt cette éviction discrète fut jugée insuffisante; et les empereurs n'hésitèrent pas à employer la *déportation* ou la *relégation*, en dépit de l'inviolabilité théorique qui protégeait le citoyen.

Les délinquants qui devaient subir la *flagellation* étaient frappés, soit avec des bâtons (*fustibus*), soit avec des verges (*virgis*), soit avec des fouets (*flagellis*).

On infligeait la première punition aux soldats, la seconde aux citoyens, et la troisième aux esclaves. Vers la fin de la République, les verges furent abolies pour les citoyens, en vertu de la loi Porcienne [1].

Enfin venait l'*amende*, peine accessoire, ou de dernier rang; elle fut limitée, à l'origine

---

[1] Cicéron, *Contre Verrès*, 3, 29; Tite-Live, 10, 9.

du moins, à la valeur de *deux bœufs* ou de *trente moutons*[1].

La législation des *Barbares* qui s'établirent au cinquième siècle sur notre sol, et se fondirent peu à peu avec la population primitive, comprenait deux catégories de délits publics, sanctionnés presque tous par la perte de la vie sous forme, soit d'écartèlement, soit de peine du feu.

Les délits privés, ainsi que nous l'avons expliqué, n'entraînaient que des « compositions pécuniaires ».

L'*écartèlement* était la dislocation du criminel « tiré à quatre chevaux ». Après avoir été traîné à travers les carrefours, en butte à tous les outrages, le condamné était « mis en morceaux, sans miséricorde ».

Tacite nous apprend que les *Germains* étendaient sous une claie les poltrons, les paresseux et les efféminés, et les étouffaient ainsi dans un bourbier.

Dans les lois des *Bourguignons*, celui qui volait un épervier se voyait condamné au châtiment suivant : on le couchait sur le dos ; on lui découvrait la poitrine, et l'on plaçait

[1] Tite-Live, 4. 3o.

dessus[1] *six onces de chair fraîche* coupée en petits lambeaux, et provenant de n'importe quel animal.

Puis on approchait du délinquant un épervier qu'on avait laissé jeûner tout un jour, et l'animal affamé et furieux piquait de son bec acéré les morceaux placés à sa portée, non sans endommager douloureusement, on le conçoit, le buste du patient.

Pour le vol d'un chien de chasse le coupable devait, en public, embrasser à genoux le dos de l'animal soustrait.

Parmi les peines usitées au moyen âge, nous signalerons le *glaive*, la *potence* et les *galères.*

Les gentilshommes avaient « le privilège d'être *décapités* » et non pendus.

La pendaison était qualifiée « vilaine mort », celle des vilains, celle du peuple.

Les personnes de qualité se trouvaient à l'abri de ce trépas dit *ignoble*, c'est-à-dire non noble.

Les *fourches patibulaires* et le *pilori* étaient les marques extérieures de la justice seigneuriale. Les droits hiérarchiques, plus ou moins

[1] « Super testones. » *Additamentum I*, titr. 10 et 11 (art. p. 33).

élevés, correspondaient à un certain nombre de piloris funèbres. Le bas-justicier n'en avait qu'*un*, le haut-justicier en eut *deux*; le châtelain, *trois*; les barons et comtes, *quatre*.

Le maximum de piloris fut fixé à *six*[1].

Les exécutions des criminels du ressort de Paris se sont faites pendant longtemps à Montfaucon[2].

Les patients y allaient à pied, et s'arrêtaient environ une demi-heure dans la cour des Filles-Dieu, où la charité des religieuses disposait sur une table du pain et du vin, destinés au « pitoyable pécheur ».

Plus d'une fois la sentence de justice poussa la dureté jusqu'à enjoindre que le coupable « *serait exécuté inconfès* », c'est-à-dire sáns sacrements.

Ce fut le 12 février 1396 qu'*on accorda des confesseurs aux condamnés*, grâce à l'intervention de Philippe de Mézières, précepteur de Charles VI, et de Pierre de Craon, qui éleva même près du gibet une croix au pied de laquelle les condamnés s'agenouillaient pour se confesser, et lit un legs aux Corde-

---

[1] Championnière, n° 318.

[2] Ce gibet, où l'on pouvait suspendre soixante suppliciés, était établi entre la Villette et les Buttes-Chaumont.

liers, désignés pour cette miséricordieuse fonction.

Pourquoi privait-on de secours religieux ceux-là qui en avaient le plus besoin, et qui n'attendaient peut-être que la présence d'un prêtre, pour faire preuve d'un sincère et profond repentir?

À tout prix, et quand même, le pouvoir voulait rendre terrifiante l'expiation suprême... N'importe! pareille prohibition n'en demeure pas moins regrettable.

Quant aux hommes d'armes, on leur réservait le *chevalet*, instrument de correction ou de mort.

Nombre de chrétiens de la primitive Église ont souffert ce genre de martyre, qui consistait à être *assis sur un cheval de bois* dont le dos très aigu rendait extrêmement cruelle la position de celui qu'on y fixait. Cette arête était plus ou moins tranchante selon la mesure de souffrance qu'on voulait infliger.

Durant les siècles de féodalité, l'expiation par le *feu* [1] ne fut même pas épargnée à la faiblesse de la femme : citons-en deux exemples entre autres.

[1] Fu icelli (le dit) Robin mys et lié à l'attache avec les bourrées, et le feu illec (là) print pour ardoir (brûler), et fu justicié et ars (brûlé); et illec fini ses jours. (*Registr. cr. du Châtelet*, t. I, p. 567.)

Le 13 juillet 1333, une marchande de chandelles, Jacqueline la Cyrière, fut « décrétée de la peine du feu ». Une autre femme, Katherine du Roquier, fut aussi « tournée au pilori et brûlée [1] ».

Jusqu'à la fin du seizième siècle, les faux monnayeurs étaient justiciables de la mort *par eau bouillante*.

Voici d'après un compte de l'ordinaire de Paris, en 1447, le détail des dépenses que ce supplice occasionnait : Payé à Estienne de Bré, maître de la haute-justice de Notre Sire le Roi, 12 sols pour trois maçons et leurs aides qui firent le trépied, pour asseoir la chaudière *où furent bouillis trois faux monnayeurs*, — 4 sols parisis pour quatre sacs de plâtre à faire ledit trépied, — 4 sols pour celui qui blanchit ledit trépied avant que lesdits maçons y voulussent ouvrer, — 20 sols pour un cent 1/2 de cotrets et un demi-cent de bourrées qui furent arses (brûlées) ledit jour, pour faire bouillir l'eau en la chaudière, — 8 sols pour une queue [2] et deux muids, où fut mise l'eau, lesquels, la nuit que justice fut faite, furent mal pris et emblés, — 3 sols pour

---

[1] *Loc. citat.*, t I, p. 47. — *Justice de Saint-Martin des Champs*, XCIV.

[2] La *queue d'eau*, une futaille contenant environ un muid et demi.

une queue d'eau, de quoi furent bouillis iceux. »

On trouve aussi un arrêt de Rouen, en date du 22 décembre 1581, condamnant Nicolas Salcède, faut monnayeur, à être *étouffé dans l'eau chaude*.

Ce genre de mort n'a pas toujours été le partage exclusif de cette sorte de voleurs : ainsi en 1198 une religieuse ayant été maltraitée, enduite de miel, roulée dans des plumes et promenée à rebours sur un cheval, Philippe-Auguste fit *noyer dans une cuve d'eau bouillante* les individus coupables de cette vengeance.

Dans les sociétés actuelles, la législation criminelle est fondée sur des bases rationnelles et équitables, en sorte que la pénalité n'est modifiée de temps en temps que sur des points de détail : à peine quelques nouveaux délits ont-ils été ajoutés à ceux prévus par notre Code de 1810.

Dans notre ancienne législation, les châtiments varient au contraire très sensiblement d'une époque à l'autre.

Ainsi, d'après le procureur général Dupin, il y avait en 1670 onze peines dites capitales, savoir : les fers, — la roue, — l'écartèlement — la décapitation pour les nobles, — la potence pour les roturiers après avoir été traî-

nés sur la claie, — les galères à perpétuité,
— le bannissement perpétuel, — la réclusion
à vie, — la confiscation de corps et de biens...
Ajoutons-y les sanctions corporelles accessoires : question préalable [1], — poing brûlé
ou coupé, — lèvre fendue ou percée du fer
rouge, — fouet jusqu'à effusion de sang, —
suspension par les aisselles, — galères, —
pilori, — carcan, — cages de fer [2] et ou-
bliettes.

A une date plus rapprochée de nous, celui
qui était condamné aux galères était flétri sur
les épaules des lettres GAL; de même le voleur était marqué d'un V sur l'épaule, et un
W signalait la récidive.

Encore au temps de la Révolution, on pouvait, d'après la loi, être décapité *en effigie*.

Entre autres cas, on peut citer un jugement
du bailliage de Pontarlier, déclarant Mirabeau
« atteint et convaincu du crime de rapt, et le
condamnant à avoir la tête tranchée : ce qui
sera exécuté en effigie: plus à cinq livres

[1] Voir aussi l'ouvrage peu connu d'Augustin Nicolas, président du parlement de Dijon, intitulé : *Si la
torture est un moyen sûr de vérifier les crimes secrets;* Amsterdam, 1682... Quant aux tourments, il
se refuse, dit-il, à décrir « cet attirail de boucherie,
véritable invention du Diable ». — Voir aussi Montesquieu, *Lettres Persanes* et *Esprit des Lois*, liv. VI
et XII. — Rousseau, *Contrat social.* — Beccaria...
[2] Notamment sous Louis XI.

d'amende envers le Roi, et à quarante mille livres de dommages-intérêts ».

Il n'y avait pas si longtemps d'ailleurs que des « hommes de paille » ou mannequins de toile bourrés de foin avaient été effectivement brûlés en place de Grève, quand on n'avait pu s'emparer du fugitif.

II. — Passons en revue les modalités typiques des peines capitales, à l'époque moderne.

C'est de la Révolution française que date l'emploi de la *guillotine*.

« Bien qu'elle paraisse être l'un des souvenirs les plus tristes d'alors, la guillotine, écrit M. Ed. Bouquet, peut néanmoins être comptée parmi les innovations relativement humaines, si l'on songe aux genres de supplices que cette invention fit disparaître. » Mais quel épouvantable abus devait en faire la politique jacobine !

Ce fut sur la proposition du docteur Guillotin, député de Paris, que l'Assemblée décida, par un décret du 21 janvier 1790, que, dans tous les cas où la loi prononcerait la peine de mort, le châtiment serait égal pour tous, sans distinction de qualité ni de rang social.

Prévoyant la construction de la fatale bascule, le décret ajoutait ceci : « Le criminel sera décapité ; et il le sera par l'effet d'une simple machine. »

Un facteur de clavecins, un Allemand nommé Schmitt, se chargea, sous la direction du Dr Louis [1], de la construction du nouvel appareil appelé souvent *la Louison ;* et en avril 1792, le docteur écrivait à Roland, ministre de l'Intérieur : « Les expériences de la machine du sieur Schmitt ont été faites mardi à Bicêtre, sur trois cadavres qu'elle a décapités si-nettement, qu'on a été étonné de la force et de la célérité de son action. »

Cette machine rappelait par sa forme la *mannaïa,* instrument en usage en Italie dès le seizième siècle, et qu'on employa à Toulouse, en 1632, pour l'exécution du duc de Montmorency, lorsque ce maréchal paya de sa tête l'appui qu'il avait donné au parti de la cour contre le cardinal de Richelieu [2].

On s'est demandé quelle pouvait être la

---

[1] Le docteur Louis, secrétaire de l'Académie de Chirurgie, chargé de suivre les expériences de décapitation sur les cadavres de Bicêtre, déclare dans son rapport que, pour assurer l'efficacité de la chute du couperet, il faut que la machine mesure au moins 14 pieds d'élévation.

[2] On peut voir dans le vieux château de Nuremberg un instrument qui ressemble à la guillotine, et qui, à en croire le cicérone du lieu, daterait de plus de deux siècles.

persistance de la vie dans le corps des suppliciés?

D'après les expériences de MM. Regnard
et Loye, aucun signe conscient n'a pu être
constaté deux secondes après la décollation ;
mais les mouvements réflexes, tels que le cli-
gnement des paupières, sont possibles jusqu'à
la sixième seconde. Les battements du cœur
persistent pendant vingt-cinq minutes aux
ventricules, et une heure aux oreillettes. Durant les deux secondes qui suivent la décapitation, les yeux demeurent ouverts, et la
bouche énergiquement fermée ; la tête comme
le corps (cela est vérifié aujourd'hui) n'accuse
pas le moindre mouvement spontané. Au
bout d'une minute, la face commence à pâlir ;
après quatre minutes, elle se montre tout à
fait exsangue.

Les exécutions *allemandes* ont lieu, dans
le nord et le nord-ouest, au moyen de la *hache* ;
dans l'est on usait de l'« épée à deux mains »,
et, dans le sud, d'une guillotine très semblable
à celle de Schmitt.

Aux termes de l'article 13 du Code pénal
allemand, tout condamné à mort a la tête
tranchée.

La décapitation n'est pas publique et se

passe dans l'intérieur de la prison : n'y assistent que deux juges avec un greffier, les membres du Parquet, un ministre du culte, l'avocat et tous les détenus. En outre, le Conseil municipal (*Gemeinderede*) du lieu du supplice est invité à fournir douze délégués choisis parmi les notables.

Celui qui est condamné « *à la hache* » est amené pieds et poings liés, en bras de chemise, sur l'échafaud où se trouve placé son cercueil rempli de sciure de bois ; il s'agenouille et pose la tête sur un billot recouvert d'une étoffe noire.

Le bourreau (*Scharfrichter*), après avoir lu à l'accusé sa sentence, abat la tête, et tous les assistants saluent.

Pour la mort par l'*épée* le billot est supprimé : le condamné se place à genoux, le buste droit ; et l'exécuteur, brandissant l'épée e bas en haut par un mouvement demi-circulaire, fait sauter la tête à plusieurs pas en arrière.

La *garrotte* est le mode d'expiation usité en *Espagne*, en *Portugal*, et dans certaines colonies.

Voici comment elle a lieu ordinairement. Deux jours avant, le condamné est « mis en chapelle » en compagnie de moines, afin d'y prier et de se préparer à la mort. Au jour fatal, après avoir entendu la lecture de l'arrêt qui le condamne, il subit un dernier interrogatoire, et monte dans un tombereau attelé d'un mulet. Sur la place, on a dressé une plate-forme à laquelle on accède par un escalier de plusieurs marches; au milieu de la plate-forme s'élève un poteau auquel est fixée une petite planche destinée à servir de siège au patient; un peu plus haut, est disposé un collier de fer qui s'ouvre et se ferme avec une clavette. Derrière le poteau se trouve un tourniquet dont la vis peut serrer ou desserrer le collier. Une fois le condamné assis sur la palette de bois, on lui prend le cou dans le collier de fer que l'on referme ensuite avec la clavette. Au signal convenu, le bourreau donne deux ou trois tours de tourniquet, et le collier, en se rapprochant du poteau, étrangle l'individu.

Le prêtre qui est présent se fait un devoir de rabattre le capuchon de la robe (hopa) sur le visage convulsé de celui qui va mourir[1].

Cette horrible fin paraîtra douce, si l'on

[1] Le cadavre, revêtu d'une robe noire, a la tête couverte d'une sorte de mitre à croix de saint André. Les membres de la confrérie Paix et Charité (*Pas y Caridad*) accompagnent le supplicié.

songe qu'elle remplace la désarticulation (*descuartizamiento*[1]), usitée jadis dans la Péninsule. Encore au siècle dernier, se voyait en effet l'écœurante exécution des criminels espagnols, au moyen du *dépeçage*. On les coupait en morceaux jusqu'à ce que mort s'ensuivît!

Et c'est seulement grâce au nouveau Code pénal que ces abominations ont été supprimées.

Disons toutefois qu'au commencement de ce siècle la désarticulation était, en fait, précédée de l'étranglement, qui, dans le cas, était un acte de charité à l'égard du supplicié.

Dans la catégorie des peines de second ordre, figuraient en Espagne la mutilation des yeux, de la langue et des mains, et l'*artesa*[2] qui rappelle beaucoup les *auges*, en usage chez les Perses.

On y procédait en plaçant le condamné dans une espèce de baquet, de pétrin, où on l'enduisait de *miel*; et pendant plusieurs

---

[1] *Descuartizar*, mettre en morceaux.

[2] *Artesa*, huche à pétrir le pain, et tronc d'arbre creusé en forme de pirogue. L'artesa était inscrite dans la *Ley de partida*, législation pénale qui n'a été abolie qu'en 1800. V. *Théor. Code pénal espagnol*, Laget, p. 156.

heures on le laissait sous les rayons d'un soleil brûlant, exposé aux piqures des guêpes et des insectes de tout genre que le miel attirait.

Bien que la peine de l'*ergastole*, sous le roi Humbert, ait été substituée à la peine de mort en *Italie*, cependant nous n'hésiterons pas à la décrire au chapitre des supplices capitaux, car, dans les conditions où on l'a vue appliquée, elle équivaut, en fait, à la suppression du coupable, soit que celui-ci perde complètement la raison, soit qu'il succombe au cours de l'effroyable régime cellulaire auquel on le soumet durant de mortelles années. Qu'on en juge !

L'*ergastole* est un emprisonnement spécial, imposé à celui qui, ayant encouru la prison perpétuelle, « se rachète ainsi de la mort qu'il mériterait en principe ».

Pendant dix ans, le condamné restera seul dans un cachot à peine éclairé, sans voir même ses gardiens, qui lui tendront, à travers un guichet, la nourriture strictement suffisante pour l'empêcher de mourir de faim : du pain et de l'eau ; pendant dix ans, il lui sera interdit de recevoir la visite de qui que ce soit, même celle de l'aumônier ; pendant dix ans, il lui sera défendu de lire ou d'écrire et de se livrer à aucun travail; pendant dix ans, enfin, il ne pourra prononcer la moindre parole, le règlement refusant aux condamnés à l'ergastole le droit de parler à haute voix, fût-ce à soi-même. Et cela, sous peine de voir s'aggraver encore le régime pourtant déjà si terrible de leur châtiment : d'être jetés par exemple dans un cachot complètement obscur ou d'être revêtus d'une chemise de force; d'être enchaînés au moyen de fers qui, reliant les mains aux pieds, obligent le corps à rester plié en avant; ou enfin d'être placés sur le lit de force, caisse de bois semblable à un cercueil, percée de deux trous pour laisser passer les pieds et empêcher le mouvement des jambes, pendant que les bras sont immobilisés par la chemise de force.

Enfin une aggravation de sévérité faisait prendre toutes les mesures utiles pour que le condamné ne pût se rendre compte du temps écoulé, ni connaître les jours et les heures.

Autant dire qu'en pareil cas on condamne à la folie! car il n'est pour ainsi dire pas d'exemple que la raison d'un homme ait résisté à l'atrocité d'un pareil régime.

En vérité, si les soi-disant humanitaires ne

peuvent compenser l'efficacité de la peine capitale que par des cruautés aussi raffinées, mieux vaut encore le couperet.

En *Angleterre*, la mort sanglante est remplacée par la *pendaison* : « En qualité de chapelain catholique d'une prison de Sa Majesté Britannique, écrit un aumônier, ma fonction m'obligeait à être présent quand le juge portait une sentence de mort. Mon ministère me fit connaître une coutume dont je n'avais jamais entendu parler. La loi veut que, dès que le Président s'est couvert la tête du *voile noir* pour prononcer la peine capitale, le chapelain s'approche et se tienne debout près de lui, afin que l'accusé ait ainsi devant les yeux, à ce moment suprême, les deux justices en présence : celle des hommes qui parle pour condamner; celle de Dieu qui demeure silencieuse dans la personne du prêtre, mais est disposée à faire entendre des paroles de pardon et de consolation. La formule de la sentence de mort se termine par cette invocation : « Que Dieu fasse « miséricorde à votre âme! » et les assistants répondent: « Amen! » L'exécution a lieu d'ordinaire à 8 heures du matin, le lundi qui suit le troisième dimanche après la condamnation. »

La pendaison s'applique aussi bien aux femmes qu'aux hommes ; témoin Marie Ansell qui, en juin 1899, était exécutée de cette manière, pour avoir donné à sa sœur un gâteau empoisonné.

Interrogée sur les sentiments manifestés par les femmes condamnées à mort, Mme Fry, une des charitables visiteuses des prisons de Londres, répondit : « J'ai le regret de dire que leur préoccupation principale était de savoir quel habillement elles prendraient pour monter à la potence. »

Singulier souci au pied d'un gibet !

Le *treadmill* infligé au moyen de l'appareil ou *moulin* que nous allons décrire constitue une véritable torture. Ce châtiment spécial n'a rien de commun avec nos travaux forcés, pas plus qu'avec la servitude pénale qui, pour nos voisins d'outre-Manche, entraîne la transportation au bagne.

Les forçats sont des privilégiés si on les compare aux individus envoyés au « moulin pénal ».

Ce genre de *hard labour* [1] est si dur en effet que l'autorité est obligée d'en surveiller de près l'application. C'est ordinairement la

---

[1] C'est-à-dire *dur travail*.

sanction des attaques nocturnes à main armée : après l'avoir supprimée pendant quelque temps, on dut la rétablir à cause du nombre toujours croissant des agressions.

Aussitôt après le jugement, ces condamnés endossent le costume de « convict », un pantalon et un veston marqués de trèfles depuis les pieds jusqu'à la tête, et sont enfermés dans une cellule où une planche leur sert de lit. Le matin, *on les pèse;* il faut qu'ils maigrissent pendant la durée de leur peine. Ensuite, on les dirige vers le *moulin de discipline* [1], roue spéciale, dont les rayons atteignent quatre mètres, et dont la circonférence est divisée en palettes à peu près semblables à celles des anciens bateaux à vapeur.

Dans la partie supérieure de la circonférence, les palettes aboutissent à des cellules étroites, où, en passant successivement devant le condamné, elles figurent les marches fuyantes d'un escalier mobile.

Amené dans l'une de ces cellules, le patient est tenu de se suspendre de ses deux mains à des anneaux ballottant au-dessus de sa tête, de peser de tout son poids sur les palettes qui glissent sous ses pieds, et d'actionner

[1] *Treadmill,* de *to tread,* marcher sur, et *mill,* moulin.

ainsi par une marche simulée l'appareil qu'il n'aperçoit même pas.

S'arrête-t-il? la roue, dans un mouvement continu, l'atteint rudement aux pieds ou aux jambes; et s'il trébuche, il s'expose à payer sa défaillance d'un coup violent ou même d'une fracture des membres.

La mise en action du « tread mill » comporte une fatigue tellement accablante, que les condamnés n'y sont assujettis que pendant trois heures par jour : une heure et demie le matin, une heure et demie après dîner. Encore le travail est-il divisé, pour chaque période, en dix minutes de piétinement et cinq minutes de repos.

Enfin, si le condamné refuse de faire cette manœuvre d'écureuil, il peut s'attendre à ce qu'on lui applique la peine disciplinaire du *fouet*, dit *chat à neuf queues*[1].

Ce *cat* est une sorte de martinet formé de neuf minces lanières de cuir, tressées et renforcées de nœuds de cinq en cinq centimètres.

Il est manié par un bourreau spécial : au premier coup, le fouet entame les chairs; et généralement le supplicié s'évanouit entre le huitième et le dixième coup.

[1] Les sentences se terminent ainsi : *With hard labour, and... strokes with the cat.*

Dans une des sessions de la cour d'assises de Londres en 1896, nous la voyons ordonnée sept fois contre des individus qui en devaient recevoir chacun vingt ou vingt-cinq coups.

L'*Amérique* a conservé quelque chose des traditions de la peine du talion, « œil pour œil, dent pour dent », qui constitue le code criminel originaire de toutes les nations.

La loi de *lynch* tire son nom de John Lynch, colonel irlandais de la Caroline du Sud qui, législateur et chef de justice dans cet État au dix-septième siècle, fut investi par ses conci-toyens d'un pouvoir si absolu, qu'il faisait juger, condamner et exécuter, *séance tenante*, les criminels surpris en flagrant délit, ou ceux dont la culpabilité était manifeste [1].

Cette justice expéditive, brutale, était-elle indispensable pour débarrasser la colonie naissante des malfaiteurs qui y affluaient? Cela se peut; mais son emploi aujourd'hui dans l'Amérique, qui a des lois sages et jouit d'une constitution libérale, n'est plus seule-ment un déni de justice; elle constitue un attentat contre le droit individuel en privant l'accusé des moyens de défense qui doivent protéger tous les citoyens.

[1] *Lynch law.*

La loi de Lynch n'existe pas officiellement ; mais, en réalité, quand elle est infligée justement et sans barbarie par le peuple, les autorités judiciaires ferment les yeux ; du moins les magistrats se contentent-ils de réclamer au pied de la potence ; et comme la foule refuse toujours de le leur livrer, ils se retirent pour verbaliser ; et tout est dit [1].

Citons un exemple de cette loi de Lynch.

Un barbier nègre nommé Covington, qui avait assassiné deux habitants de la ville d'Osceola (Arkansas), était parvenu à se cacher dans une cité voisine. Dénoncé et arrêté régulièrement, Covington supplia qu'on ne le dirigeât pas sur Osceola où il savait avoir laissé des haines nombreuses et implacables : « Si on m'y conduit, disait-il au shériff, je suis sûr de n'être pas en vie un quart d'heure après mon arrivée. » En effet, une bande considérable de blancs et de nègres armés l'attendaient au débarcadère ; on l'arracha des mains de la garde pour procéder contre lui à la loi de représailles, dont le peuple augmenta encore la dureté. Au lieu de le pendre à un arbre, selon l'usage, et de mettre fin à ses souffrances le plus promptement possible,

[1] *Mœurs des différ. peuples.*

on lui lia les pieds et le cou avec des cordes qui furent attachées aux harnais de deux mulets vigoureux. Ces animaux stimulés par des coups de fouet, partirent au galop dans des directions opposées, en mettant en pièces le malheureux nègre.

Livrer un homme à la mort, sans débats, sans jugement et d'après la commune renommée du crime est d'abord une usurpation sur les droits de la société; c'est aussi une imprudence grave, étant donnée la passion populaire si facile à enflammer et si encline à ne juger que sur les apparences.

En mars 1899, à Montréal (Canada), une nommée Cordélia Porier, organiste en cette ville, accusée d'assassinat, a demandé aux autorités de faire apporter son orgue, afin de pouvoir exécuter elle-même la partie musicale de son propre service mortuaire, avant d'être *pendue;* cette faveur lui ayant été accordée, quatre cents cartes d'invitation furent lancées; mais la condamnée tomba évanouie devant son instrument.

Pour un Indien de l'Amérique du Nord, savoir *scalper*[1] constituait à la fois une science et un art : tout le monde n'enlève pas le scalpe

---

[1] De l'anglais *scalp*, péricrâne.

avec la même dextérité, la même élégance et la même sûreté de main.

Le couteau à scalper était fait d'un caillou tranchant, ou simplement d'une coquille; avec cet instrument primitif on pratiquait une incision autour du crâne de l'ennemi, et on en détachait d'un coup sec la peau avec la chevelure attenante. Le scalpe avait ses règles dont il était absolument défendu de se départir : ainsi, il n'était permis de mutiler que des guerriers d'une tribu ennemie; un Indien n'eût pas scalpé un homme de sa propre tribu ou d'une tribu amie.

Posséder dans sa cabane, suspendues en glorieux trophée, les chevelures des ennemis que l'on avait tués, cela valait pour un sauvage tous les brevets possibles.

Les Indiens de l'Amérique du Nord, plus qu'aucun peuple, ont eu à soutenir des luttes incessantes pour sauvegarder et leur vie et leurs propriétés; aussi, encore en 1704, dans le Massachusetts par exemple, promit-on une récompense à quiconque livrerait des Indiens vivants ou au moins des scalpes d'Indiens. La somme était de 70 dollars pour tout prisonnier âgé de dix ans, et du double pour chaque Indien au-dessus de cet âge.

On n'agit pas autrement dans nos provinces, quand on offre une prime engageante pour la destruction des loups ou d'autres animaux malfaisants [1].

Bien que la *boxe* ne constitue qu'un usage meurtrier assimilable au duel, on lira peut-être avec intérêt la description d'un de ces combats (*fights*) parfois mortels, qui passionnent les habitants de l'Angleterre et aussi ceux du Nouveau Monde.

Après s'être serré la main droite, lit-on dans une publication américaine [2], deux fameux champions, Tom Hyer et Jackson, se mirent en garde... Les premiers coups infligèrent seulement quelques meurtrissures respectives. Au bout de cinq minutes, Tom reçut un coup violent qui le fit chanceler sur lui-même; à ce moment on *le* vit blémir de colère et chacun des assistants pressentit de prochaines représailles.

Se tenant sur ses gardes, le boxeur américain attendit longtemps l'instant propice ; puis tout à coup, bondissant comme un fauve, il asséna un coup épouvantable sur la mâchoire de Jackson. Celui-ci tomba entre les bras de son « partner » qui le fit asseoir, lui frictionna le visage avec du brandy et lui

[1] Gabriel Marcel, *la Vie sauvage.*
[2] *New York Herald*, M. H. Revoil.

donna quelques gorgées de cette liqueur réconfortante.

Pendant ce temps, le partner de Tom Hyer tenait les yeux fixés sur sa montre et attendait que les cinq minutes fussent écoulées ; car, d'après les usages, une fois ce laps de temps passé, le boxeur frappé qui ne se relève pas pour continuer l'engagement est déclaré vaincu. Mais Jackson s'était redressé. Il porta un coup droit à son adversaire, dont la poitrine résonna comme sous le choc d'une massue ; au même instant, de son poing fermé, Tom Hyer crevait un œil à Jackson qui, s'appuyant sur l'épaule d'un ami, poussa un rugissement de douleur.

Les cinq minutes de répit étant écoulées, il se releva pour la reprise (*round*), et recommença le combat.

« Raconterai-je en détail, dit le chroniqueur, les scènes de ce spectacle écœurant...? Non ! qu'on sache seulement que Tom Hyer soutint glorieusement la réputation de son pays, c'est-à-dire qu'il *cassa huit dents à Jackson, lui démit le bras et lui fit sur la tête deux déchirures profondes* d'où le sang, s'échappant à flots, aspergea la terre. Quoique déclaré vainqueur, Tom Hyer tout meurtri fut bien aise de quitter la place. Quant à

Jackson, il fut porté mourant dans la yole qui le ramena à bord... Nous rentrâmes alors à Charlestown, où Tom Hyer, se dérobant aux ovations de ses admirateurs, prit le train le plus direct pour rentrer chez lui à New-York. Jackson demeura à l'hôpital de Charlestown où il guérit après deux mois de souffrances. Le vaincu n'eut plus envie de recommencer le pugilat, car, outre un œil et un bras endommagés, il avait perdu un enjeu de deux cents livres sterling. Renonçant aussi à ces dangereuses rencontres, Tom Hyer se contenta de vendre des liqueurs dans une taverne où la célébrité de son nom attira les consommateurs. »

L'Amérique a pris l'initiative des exécutions capitales par l'électricité : cette innovation, introduite en 1887, est connue sous le nom d'*électrocution*.

Dans les procès-verbaux d'une des huit premières exécutions, nous voyons qu'un nommé Jaylor eut un retour complet à la sensibilité, après la première application d'électrodes, qui cependant avait été maintenue cinquante-deux secondes.

Un accident de machine ayant suspendu le premier courant pendant une heure huit minutes, on fit au condamné une piqûre de morphine qui n'empêcha ni ses cris ni ses tressautements ; en dernier lieu on en vint même à employer le chloroforme, avant la seconde épreuve.

Peu après, quatre condamnés étaient mis à mort au moyen d'un courant électrique, d'une intensité exceptionnelle. Le but relativement humanitaire qui justifierait cette innovation, n'est et ne peut être que l'extrême rapidité du procédé, en vue de diminuer la douleur ; cependant il a fallu près de *soixante secondes*, pour amener la mort du premier supplicié : la première décharge seule a duré vingt-six secondes. Le second coupable n'a succombé qu'à la troisième application du courant. Le troisième a été soumis à trois épreuves de vingt secondes chacune, avant de perdre la vie. Quant au quatrième, trois applications de quinze secondes ont été nécessaires pour le tuer.

Dans l'électrocution, la mort ne se produit donc pas instantanément : durant un certain temps, elle n'est qu'apparente.

Il en résulte qu'à l'aide de la respiration artificielle, comme on la pratique en cas d'immersion, il serait possible souvent de rappeler la vie dans l'organisme qui semble foudroyé, alors qu'il jy a, non point arrêt définitif, mais seulement suspension des fonctions des poumons et du cœur.

A l'appui de cette assertion on a fait observer qu'il faut un courant de 2.500 volts pour tuer un lapin, tandis que le courant d'exécution employé plusieurs fois en Amérique n'en dépassait pas 1.500.

S'il en est ainsi, la prudence des philanthropes qui préconisent l'exécution électrique comme plus « humanitaire » que la corde ou la guillotine serait donc en défaut.

L'autopsie ayant immédiatement suivi les exécutions de ce genre, on doit admettre qu'en fait les suppliciés n'ont point été enterrés vivants. En tout cas, il reste un doute très sérieux sur la rapidité de la mort provoquée par les courants électriques.

C'est qu'en effet les résultats de l'électrocution dans le Nouveau Monde ne sont guère encourageants.

Une expérience de perfectionnement prétendu a été tentée à New-York, sous la direction de M. Mac Donald, qui a voulu essayer sur l'assassin Elvaine l'établissement du courant aux mains, au lieu du front et des jambes; mais il n'aboutit qu'à produire d'atroces convulsions. Après *quarante-neuf secondes* de torture, on dut revenir à l'ancien procédé, ce qui nécessita de nouveaux préparatifs. Pendant ce temps, le supplicié attendait. La seconde opération, seule, mit fin à ce martyre ; et cette fois les médecins purent annoncer qu'Elvaine était trépassé, et faire hisser sur la prison le drapeau noir.

La première femme exécutée par l'électricité à New-York est une nommée Place, dont le supplice eut lieu le 21 mars 1899 à la prison de Sing. Elle avait été condamnée à mort pour assassinat de sa belle-fille. Avisée, la veille, que sa sentence suivrait son cours, elle répondit : « Je suis prête ; je remets mon âme à Dieu, et mourrai avec courage. » Elle dormit paisiblement et, dès son réveil, se mit à lire la Bible. Après avoir déjeuné de bon appétit, elle reçut la visite du ministre du culte, et entra avec sérénité dans la chambre du siège fatal. On la fit asseoir dans le fauteuil, et au bout de quelques secondes le courant était établi. Les cheveux de la condamnée avaient été coupés, et l'on avait fait une petite tonsure à l'endroit où devait s'appliquer l'électrode.

Une doctoresse et une infirmière assistaient à l'exécution. La femme Place ne succomba pas immédiatement. Entre la première et la deuxième décharge, elle ne voyait et n'entendait plus; mais elle *murmurait une prière.* La doctoresse et l'infirmière détournèrent la tête au moment de la seconde décharge; ensuite elles constatèrent la mort. Le premier courant avait été de 1.760 volts, pendant quatre secondes, puis ramené à 200 volts, et continué pendant *cinquante-six secondes!* Le second courant fut encore de 1.760 volts, puis diminué graduellement jusqu'à extinction.

Dans cette même prison, le 26 février 1900, il fallut appliquer *à cinq reprises* au condamné italien Senora le courant électrique transmis par de puissantes dynamos; et encore, à la cinquième fois, la mort ne fut-elle pas instantanée : le supplicié n'expira qu'un quart d'heure après.

De ce qui précède il résulte qu'il n'est pas possible de se conformer à la lettre de la loi américaine.

Le texte dit bien : « Pour exécuter la peine capitale, on fera traverser le corps par un courant électrique, d'une intensité assez forte pour supprimer la vie, l'application devant être continuée jusqu'à ce que la mort soit produite. » Or, en fait, une seule application de courant est insuffisante pour foudroyer, et souvent ne crée même pas un état de mort apparent.

En présence des décevants résultats de l'électrocution aux États-Unis, quelques Américains ont fait campagne[1] en faveur d'un nouveau procédé de mort par asphyxie : la *gazocution*. Le patient serait enfermé dans une cellule hermétiquement close, où l'on ferait arriver du gaz d'éclairage sous pression.

Comme ce gaz est anesthésique en même temps qu'asphyxiant, l'homme passerait de vie à trépas, sans crise trop violente.

Tel est exactement le système employé à la fourrière de Paris pour se débarrasser des chiens errants.

Au royaume du Bénin, en *Afrique*, il n'est point rare que le coupable préfère être *son propre exécuteur*, et se mutiler lui-même, plutôt que de se livrer au bourreau cruel.

« Un noir du Bénin[2], voulant se venger d'un individu qu'il accusait de lui avoir volé des dattes, lui avait coupé le pied à la hauteur de la cheville. Saisi immédiatement par la foule, le nègre fut conduit devant le chef,

---

[1] Notamment dans le *Scient. Americ.*
[2] *Voyage sur les rives du Niger*, par M. Jacolliot.

qui, séance tenante, prononçant la peine du *talion*, décida qu'il aurait le pied coupé à la même hauteur que celui de la victime. En conséquence, sur la place de Gato située à peu de distance du fleuve, un espace fut ménagé par les agents de l'*obi* ou sorcier, le patient devant être tenu par les parents de l'estropié, pendant que l'un d'entre d'eux lui pratiquerait la même mutilation. Mais les usages du Bénin permettent au condamné de repousser l'intervention des parents vengeurs, à condition qu'il se mutile selon la décision prononcée contre lui par le chef du village, seul juge des contestations civiles ou criminelles. Or le coupable qu'on venait d'amener devant nous, craignant un surcroît de souffrances causé par une lenteur calculée, avait demandé à exécuter lui-même la décision de l'obi, ce qui lui fut accordé. Il vint donc, assisté de sa femme, tous deux portant un énorme fagot de bois sur leurs épaules. S'étant débarrassés de leur fardeau, ils allumèrent un grand feu, et s'accroupirent à quelques pas, jusqu'à ce que le bois fut réduit à l'état de charbon incandescent. En attendant, le noir fumait son cigare avec la plus grande insouciance; et la femme, immobile à ses côtés, tenait à la main une plaque de cuivre... Au bout de quelques instants de cette mise en scène, dont nous ne parvenions pas à démêler la signification, l'épouse, sur un signe de son mari, plaça, à l'aide d'une pince de fer dans le brasier ardent, la plaque de cuivre qui rougit rapidement. Alors la femme retira de son pagne un paquet d'herbes variées, et se mit à les broyer avec de l'huile de palme au fond d'une calebasse. Dès que tout fut près, le Béninien, toujours impassible, fit encore signe à sa femme de s'approcher, et de lui prendre à deux mains le pied pour le mieux assujettir ; et le bourreau volontaire sortant un coutelas très acéré et calculant son coup, se désarticula la cheville en deux mouvements circulaires, vigoureusement donnés : le pied tomba sanglant sur le sol !... Aussitôt la femme, saisissant la plaque de métal, l'appliqua brûlante sur la plaie hideuse qu'elle recouvrit ensuite de l'onguent d'huile et d'herbes qu'elle avait préparé, et maintint le tout à l'aide d'un long morceau d'étoffe. L'opéré, lui, avait repris son cigare, laissant à sa femme le soin de le panser. Je n'avais amais vu, si ce n'est chez les fakirs de l'Inde, pareil sang-froid, pareil mépris de la douleur. »

Encore au commencement du dix-neu-vième siècle, on vit en Égypte et à Tunis *broyer* des individus condamnés à mort. C'est ce qu'on appelait le *tahrys*, la plus affreuse exécution que l'imagination puisse rêver. On garrottait.le malheureux; on le mettait dans un mortier à quatre pilons, ana-logue à ceux qui servent à broyer le café au Caire, et quatre hommes faisaient manœuvrer les pilons jusqu'à ce que le condamné devînt une masse informe.

On se demande, en vérité, si le prétendu justicier ne méritait pas autant l'exécration que.le criminel lui-même!

Il y a peu d'années l'*empalement* était chose commune : le buste du patient était transpercé d'un pieu de bois, ou d'une tige de fer pointue.

On a vu des malheureux survivre pendant trois jours à cette atroce souffrance.

Dans la *Perse*, la Turquie et les régions voi-sines, ce supplice du *pal*[1] est encore infligé avec la barbarie originaire.

En Orient, plus que partout ailleurs peut-être, l'idée d'impressionner les masses par

[1] En terme de blason, *pal* indique un *pieu* posé debout et divisant l'écu de haut en bas.

l'éclat de la répression est une des préoccupations de l'autorité : on comprend dès lors que l'idée soit venue à un schah de Perse de remplacer le coup de glaive silencieux par un coup de canon retentissant.

La veille du jour désigné pour l'exécution, on avait élevé sur le champ de Mars de Téhéran une forte charpente formant estrade, au milieu de laquelle était amarré un canon de gros calibre[1]. Une foule énorme envahit la place publique dès le commencement de la nuit ; et, quand l'aube se leva, une multitude compacte était là, attendant l'heure du drame judiciaire.

Le condamné Djahl-Agha, arrivé au bas de l'estrade, se jeta à genoux et pria dévotement. Puis le bourreau et ses aides l'attachèrent solidement à la gueule du canon, afin qu'il se trouvât n'avoir d'autre point d'appui que l'ouverture béante de la pièce à feu... Ces préliminaires achevés, la foule qui se tenait devant l'estrade se rua sur les côtés, bousculée par la troupe qui dégageait les abords. Au signal du commandant, le bourreau approcha de la lumière du canon une mèche brillante, avec autant d'insouciance

[1] M. Henri Revoil.

que s'il se fût agi d'allumer une simple fusée.
Le coup partit..., et le corps de Djahl-Agha,
déchiré en lambeaux, fut projeté en l'air pour
retomber ensuite aux pieds de l'assistance.

Les *Afghans* admettent que tout homme a
le droit de se faire justice par lui-même;
et malgré tous les efforts des *moullahs* ou
prêtres pour changer leurs idées sur ce point,
il est toujours impérieusement commandé
par l'honneur de venger ses injures, en se
constituant le propre exécuteur de ses ennemis. Et ce serait une honte pour l'offensé de
manquer aux prescriptions de la coutume,
comme c'est le devoir de sa famille et de sa
tribu de les lui rappeler au besoin.

Telle est la puissance de ce Code non écrit,
celui de « l'honneur afghan », qui est à chaque instant invoqué par ces orgueilleux mon-
tagnards.

M. C. Améro raconte une de ces exécutions
privées, faites en vertu de la loi du talion,
par le frère d'un indigène qui avait reçu un
coup mortel.

Le meurtrier, bien qu'il ne fût coupable
que d'une imprudence, et non d'un crime,
fut livré au frère de la victime; et, au milieu
d'un grand concours de gens toujours avides
d'assister à de pareils spectacles, on vit le

vengeur jeter à ses pieds l'homme sur qui on lui donnait droit de vie ou de mort; puis, après avoir tiré du fourreau un poignard tranchant, il maintint à terre le meurtrier involontaire, lui posa un genou sur la poitrine, et l'égorgea sans émotion ni hâte.

Au commencement de janvier 1861, écrit l'auteur précité, un jeune missionnaire, M. Vénard, fut amené à Hanoï, ancienne capitale des rois du Tonkin, dans une cage de bois, moyen de transport que les mandarins annamites préconisent quand il s'agit de faire voyager un captif célèbre ou un grand criminel. On l'y laissa pendant une quinzaine de jours, à la porte même du préfet, sous la garde d'une compagnie de soldats. Beaucoup de personnes de tout rang, émues de son sort et tremblant pour lui, venaient le visiter et causer amicalement avec lui. Les indigènes étaient persuadés qu'il était un habile médecin ou un astronome fameux; mais les chefs avaient résolu la mort du saint homme qui par son apostolat émancipateur contrariait leur despotisme.

« Vint le jour de l'exécution... Le convoi se mit en marche vers l'endroit choisi, qui se trouvait à une demi-heure de la ville. Il se composait de deux éléphants et de deux

cents soldats commandés par un officier supérieur. Admirable de constance et de résignation surhumaine, M. Vénard entonna
d'une voix mâle et forte des chants pieux
qu'il prolongea jusqu'à la sortie de la ville.
Lorsqu'on fut arrivé, les soldats formèrent
un grand cercle, en dehors duquel furent re-
foulés tous les curieux. On débarrassa le missionnaire de sa chaîne en faisant sauter, au
moyen d'un marteau et d'un coin de fer, les
clous qui rivaient les anneaux du cou et des
pieds. Le bourreau, un bossu appelé Tûe,
qui cumulait les fonctions de comédien et
d'exécuteurs de hautes œuvres, commença
par demander au prêtre ce qu'il lui donne-
rait d'indemnité, pour être exécuté habilement
et promptement; mais il reçut cette brève
réponse, pleine d'héroïsme et de foi : « Plus
l'épreuve durera, mieux cela vaudra pour
mon âme. — Vous devez mourir d'une façon
terrible, lui dit le bourreau pour l'éprouver;
il me faudra vous couper les jointures, et
vous fendre le corps en quatre. »

Alors le missionnaire fut attaché à un pieu
de bambou, et reçut un coup de sabre qui
ne fit qu'une blessure légère; mais le deuxième coup, asséné avec une grande force,
trancha presque entièrement la tête et ren-

versa à la fois le martyr et le pieu auquel il était fixé.

S'apercevant que son sabre était ébréché, le bourreau en choisit un autre, et s'y reprit par trois fois pour détacher la tête abattue. Il la saisit enfin par l'oreille, et l'éleva pour la montrer à l'officier qui présidait à l'exécution.

Les chrétiens de la localité employèrent tous leurs efforts pour retrouver la tête précieuse de leur missionnaire, après qu'elle eut été jetée dans le fleuve; ils y parvinrent et la cachèrent comme une vraie relique.

Les mœurs des populations de la Cochinchine sont devenues relativement pacifiques et les peines capitales y sont rares. Pour les indigènes on a consacré le système de la *décollation*, et les exécutions ont généralement lieu à Saïgon sur une petite place située à l'extrémité du port.

Le patient est placé à genoux, les yeux bandés et les mains liées derrière le dos. L'Annamite contemple presque toujours sans trembler les derniers préparatifs du supplice : il lui arrive même d'attendre le coup mortel en fumant tranquillement des cigarettes; mais le sentiment auquel il obéit est bien moins l'héroïsme, qu'une extraordinaire passivité née de son irréductible croyance à la fatalité : « Cela devait être ainsi, pense-t-il... »

Les bourreaux sont réputés très habiles Ils se servent d'un tranchant, qu'ils manœuvrent à deux mains, et presque toujours ils opèrent sans avoir lieu de s'y reprendre. Impassible, l'exécuteur essuie son sabre, et un soldat place la tête dans un panier au fond duquel se trouve une couche de *sel*. La famille du défunt s'approche pour recueillir le corps du supplicié : quant à la tête, elle est expédiée le jour même au chef-lieu de la province qui a servi de théâtre aux méfaits du coupable : elle y doit être piquée un jour de marché, au sommet d'une longue perche, le visage bien exposé aux regards de la foule.

De tous les châtiments appliqués en *Chine* il n'en est pas de plus fréquent que la *bastonnade*.

Et non seulement on en fait usage comme moyen de correction, mais encore comme procédé d'instruction au cours des débats « si les réponses ne paraissent pas suffisantes, les aveux assez prompts ou la dénonciation assez précise [1] ».

Voici comment les choses se passent : le

____

[1] M. Girard, *France et Chine*, p. 332.

juge chinois a devant lui une sorte de vaste étui contenant des *bâtonnets de couleur*, sur lesquels sont inscrits divers chiffres. A ses côtés, et sur les marches de l'estrade, on voit le bourreau couvert d'une robe rouge et coiffé d'un chapeau de fil de fer. D'une main il tient un grand sabre recourbé, et de l'autre s'appuie sur un rotin; ses aides portent les divers instruments de torture dont on pourrait avoir besoin; l'accusé, lui, est maintenu au bas de l'estrade par la chaîne qu'il porte au cou.

S'agit-il d'infliger la bastonnade? le juge ne se fatigue point à rendre un jugement, si bref soit-il! Il se contente de choisir dans l'étui tel ou tel bâtonnet, le jette devant le bourreau; et celui-ci, après avoir lu le nombre de coups à frapper inscrit sur le bout du bois, fait signe à ses aides et se met à l'œuvre aussitôt.

La bastonnade s'inflige avec le *pan-tsée*, ou bâton de bambou un peu aplati vers le bas, lisse et plus mince à l'autre extrémité, afin d'être manié plus aisément. Cette peine est destinée à châtier les fautes légères et n'a souvent rien d'infamant; il n'est pas rare que l'empereur lui-même la fasse donner à quelques-uns de ses courtisans, ce qui n'empêche pas qu'il les reçoive ensuite avec la même faveur qu'auparavant.

Le plus petit nombre de coups est ordinairement de *vingt* : dans cette proportion, la peine n'est envisagée que comme une simple correction paternelle ; et le fustigé est même tenu, après l'exécution, de se prosterner devant le [juge et de *le remercier de l'indulgente leçon qu'il a bien voulu lui donner*...

Au delà de vingt coups, on est dispensé de tout remerciement. Dans d'autres circonstances la bastonnade a toute la rigueur d'un grand châtiment : un patient peut recevoir cinquante, quatre-vingts, ou même cent coups du redoutable bâton.

La *cangue* est un instrument particulier à la Chine ; il consiste en deux morceaux de bois échancrés par le milieu ; on les pose sur les épaules du patient et on les réunit de manière à lui emprisonner le cou.

Le poids de ce lourd collier varie selon les délits ou les crimes que l'on veut punir, il est ordinairement de cinquante à soixante livres ; mais il en est qui pèsent beaucoup plus encore.

Le malheureux qui en est chargé ne peut même plus porter la main à sa bouche : il faut qu'une personne charitable lui donne la nourriture nécessaire pour qu'il ne succombe pas d'inanition.

Le supplice est toujours subi publiquement : c'est le carcan des Chinois.

Quant à la peine de mort, elle s'applique de trois manières différentes, par *strangulation*, par *décapitation*, et par *mort lente*, ou supplice des couteaux[1] (nous l'avons décrit dans un précédent chapitre, comme châtiment exemplaire des fils rebelles).

La strangulation a lieu au moyen d'une corde, longue de deux mètres.

Lorsque le coupable est un Chinois de qualité, on se sert, pour l'étrangler, non d'une grossière corde de chanvre, mais d'un riche *lacet de soie aux couleurs variées.*

Certes on ne s'attendrait guère à trouver là une préoccupation de luxe !

La mort par décapitation est la plus ignominieuse de toutes : on l'applique aux assassins vulgaires. Orné d'un tablier de soie jaune, couleur impériale, le bourreau fauche la tête du condamné, avec une extraordinaire dextérité, et une sûreté de main peu commune.

---

[1] Ce supplice s'appelle *kiao*.

L'exécuteur n'est pas un fonctionnaire ni un salarié quelconque : il est pris parmi les soldats du souverain qu'il représente.

Les commerçants de mauvaise foi, eux, subissent la *brandillotte*, qui consiste à rester plus ou moins longtemps suspendu en l'air au moyen de cordes.

Les individus d'une classe inférieure manquent-ils de respect envers un membre d'une classe supérieure ? *on les cloue par l'oreille à un poteau.*

Dans la province Chan-si, à Kiam-tchéou, un concussionnaire, convaincu de malversations, avait été condamné à l'*écrasement*, « afin, disait la sentence, de lui faire dégorger tout l'or et l'argent qu'il avait volé à ceux qui avaient été ses administrés ». Min-Si, tel était le nom du riche voleur, obtint, grâce aux démarches de sa famille influente, de mettre en son lieu et place un malheureux nommé Chting-Po, lequel, las de la vie misérable qu'il menait, se vendit à Min-Si, à condition que celui-ci prendrait soin de sa fille.

Ce marché fut soumis à la ratification du juge-mandarin de la province de Chan-si, qui mit en liberté le concussionnaire et emprisonna le pauvre remplaçant. Dans sa naïveté, celui-ci s'imaginait peut-être que l'on n'aurait point le courage de l'immoler injustement. Il n'en fut rien ; un matin l'infortuné Chting-Po fut tiré de prison. En vain demanda-t-il grâce : il lui fallut subir l'horrible martyre auquel il avait consenti, après avoir joui pendant quelques jours de tout le bien-être que lui avait assuré l'or du vrai coupable : l'innocent n'en fut pas moins écrasé par les bourreaux en vertu de la décision rendue.

Un témoin, qui a assisté à une exécution capitale à Pékin [1], écrit la lettre suivante : « Sur la place de Pékin un frémissement parcourt la foule ; le condamné vient de paraître, trois hommes le poussent devant eux. Il a les mains ramenées derrière le dos ; ses traits pâles et fatigués portent les traces de longues souffrances. Une pancarte est fixée au-dessus de lui ; elle porte son nom et fait mention du crime qu'il a commis ; la sentence lui est lue, et les gardes l'entraînent vers le bourreau qui l'attend.

« Pendant le trajet, les vêtements qui recouvrent le malheureux lui sont violemment arrachés, de sorte qu'il arrive devant l'exécuteur, le torse nu. Enfin le bourreau s'avance armé d'un sabre dont la lame très épaisse

---

[1] M. Georges d'Arnoux.

scintille au soleil. Il saisit son arme à pleines mains : puis, la laissant retomber d'aplomb, sépare tout net le chef du tronc. Un aide s'en empare alors, et la porte au mandarin. Arrivé à une dizaine de pas du tribunal, il met un genou à terre et, levant au bout du bras la dépouille sanglante, dit : «La tête du coupable est coupée. »

De son côté, M. Michel décrit ainsi une audience criminelle en Chine : « J'arrive au tribunal. Deux mandarins, accompagnés de plusieurs greffiers, faisaient subir l'interrogatoire aux accusés ; ceux-ci défilaient un à un, reliés par une chaîne qu'ils portaient au cou. Conduit devant le magistrat, un accusé est jeté à genoux pour entendre l'acte d'accusation ; après cette lecture, on le somme d'avouer : comme il refuse, on le frappe fortement sur les talons avec une barre de bois. Il crie, se débat, mais finit par confesser son crime ; on cesse alors de frapper, et le greffier, *imbibant d'encre l'index du patient, lui en fait poser l'extrémité sur la sentence comme cachet naturel*[1]. Le voilà condamné selon les règles ; demain il sera décapité !

[1] Cette *signature* est fort en usage en Chine. Elle reproduit exactement les linéaments de la pulpe et le grain de la peau du doigt. Ceux qui ne savent pas écrire signent de cette façon.

« Un autre arrive, même procédé... S'il refuse aussi d'avouer, on place un chevalet contre une perche, on y adosse le patient; sa longue natte de cheveux est passée dans un trou du chevalet, ses mains sont suspendues par les *pouces*, et ses pieds tirés par les *orteils*. A côté de lui, un troisième malheureux est soumis à un autre supplice. Sa tresse de cheveux coupée indique un récidiviste, car tout voleur est condamné à perdre cet appendice capillaire qui a une grande signification en Chine.

« Tout cela se passe en public, devant les curieux qui entrent à volonté dans la cour du tribunal. Des enfants aident les bourreaux à traîner les condamnés par leurs chaînes... Un prisonnier exhorte de son mieux ses complices à souffrir la question avec patience : « Vous êtes suspendus par les doigts, leur dit-il, mais mieux vaut encore perdre les doigts que la tête. »

D'après la loi chinoise, il faut, pour l'application de la peine capitale, obtenir l'aveu du condamné. Cet aveu, on l'arrache quelquefois à des innocents, par d'inexprimables souffrances : on leur plante dans la chair des clous rougis au feu: on les plonge jusqu'au cou dans de la colle, ou on leur fait avaler de l'eau en telle quantité qu'ils gonflent comme des outres ; on les agenouille dans un mélange de sable, de *verre pilé et de sel...* M. Michel raconte qu'on venait de découvrir, pendant son séjour à Canton, que deux riches marchands accusés de meurtre et exécutés récemment n'étaient pas coupables. L'injuste supplice qu'on leur avait infligé (on leur avait écrasé les doigts) les avait contraints à faire l'aveu exigé par la loi.

La *mort lente,* ou mise en morceaux du patient tout vivant, n'est plus guère pratiquée en Chine. Elle est d'ailleurs réservée exceptionnellement pour le crime de haute trahison ou de lèse-majesté, et pour le parricide.

M. Léon Rousset, qui assista à une exécution à Fou-tchéou, raconte qu'au moment où le sabre du bourreau s'abattit, la foule fit éclater des hurlements sauvages. Il en demanda la cause : on lui répondit que le tapage avait pour but « d'éloigner l'esprit du criminel, et d'empêcher que sa méchante âme restât dans la contrée ».

Les condamnés à mort n'ont pas droit à la sépulture. Leur cadavre est jeté dans une sorte de puits profond où plongent bientôt des nuées de corbeaux affamés ; la tête seule reste exposée dans une corbeille suspendue à une perche sur le lieu même de l'exécution.

En temps ordinaire, le nombre des peines capitales prononcées est assez restreint; selon la règle, elles doivent recevoir la sanction de l'empereur qui, avant de la donner, observe un jeûne [1].

« A Hanoï, le supplicié monte sur une estrade à laquelle est fixé un piquet de bambou portant la sentence. Le mandarin, *Quan-an*, ou son délégué, préside et donne les ordres [2].

« Le condamné tonkinois s'agenouille devant ce piquet; le bourreau lui dégage la nuque en relevant les cheveux sur le haut de la tête : tout cela lentement, posément, avec des minuties de sculpteur faisant prendre à son modèle une pose académique. D'une docilité parfaite, le condamné obéit à la moindre pression. Ces hommes ont le mépris absolu de la mort. Quand les jambes se trouvent écartées à point, quand la poïtrine est suffisamment saillante et le cou tendu comme il le faut, l'exécuteur lance dans sa main un jet de salive rougie par le bétel qu'il mâchonne, et marque sous la nuque du patient l'endroit où l'arme devra frapper. Il se recule alors d'un

---

[1] Barry.

[2] Le fonctionnaire chargé de la justice s'appelle un *Quan-an*, et son sous-ordre un *De-doc.*

pas... Le mandarin fait un signe; trois roulements de *gong* appellent l'attention de la foule. Un silence..., un éclair lancé par l'acier..., et une tête roule au loin sur le sable. »

Jadis les femmes chinoises vouées à l'expiation suprême étaient amenées, pieds et mains liés, sur une place pour être *piétinées par un éléphant*, que son cornac rendait furieux en le stimulant à l'aide d'un aiguillon acéré.

Terminons par la description de quelques autres procédés de torture, qui sont la honte de l'Empire du Milieu :

La *cage* de bois ou de fer, trop basse pour qu'on s'y tienne debout, trop courte pour qu'on puisse s'y étendre.

Les *ceps*, sorte de cangue double pour les pieds : elle les emprisonne un peu au-dessus de la cheville, et les immobilise complètement.

L'odieux *supplice des soufflets*, est aussi d'invention chinoise. Ils se donnent avec des *semelles de cuir*, formées de quatre lames cousues ensemble.

Deux exécuteurs saisissent l'accusé, et le font mettre à genoux : le premier, se plaçant par derrière, le maintient par les cheveux, pendant que le second décharge vigoureusement les semelles sur le visage.

Quatre ou cinq coups suffisent à faire perdre connaissance ; souvent les dents sont brisées sous le choc [1] !

Enfin il y a aussi en Chine le châtiment des *cent plaies*, dont la description seule fait frémir...

Telles sont les épreuves et les tortures qu'affrontent nos missionnaires quand ils se refusent à renier la croix du Christ.

A ce propos, dans un document relatif à la béatification, en 1900, des quarante-neuf martyrs des Missions-Étrangères, on voit à quels subterfuges ont recours les mandarins pour tenter de vaincre la résistance des chrétiens. C'est ainsi qu'espérant faire apostasier le bienheureux Xavier Can, un gouverneur fit *entrecroiser* deux morceaux de bois (en chinois le signe ╋, qui rappelle l'X romain, signifie le nombre dix), et, interpellant le catéchiste, il lui dit, comme s'il agissait d'une simple fantaisie : « *Foule aux pieds la lettre dix, et tu seras libre.* » Mais le saint homme, comprenant la ruse, répondit : « Plutôt mourir, que de renier l'objet de mon culte. —

[1] Parmi les martyrs béatifiés en 1900, on peut rappeler le nom d'un saint vieillard octogénaire, Pierre Liéou, catéchiste de la mission du Kouytchéou, qui endura le supplice des soufflets, sans faire entendre une seule plainte.

Eh bien, ferme les yeux, et saute seulement par-dessus, puis tu iras te faire absoudre par tes prêtres. — Un crime commis les yeux fermés n'en est pas moins un crime, répondit Xavier Can ; j'aime mieux subir le martyre, que commettre une pareille lâcheté. »

D'après le *Code annamite*, les enfants, les vieillards et les astronomes peuvent recevoir le prix du rachat de leur peine [1].

Voici ce qu'il faut entendre par cette disposition : en principe, tout condamné doit subir la peine corporelle prononcée contre lui ; cependant il y a deux moyens pour certains coupables de s'acquitter, soit en rachetant la faute par de l'argent, soit en « recevant le prix du rachat ».

Mais que signifie ce terme amphibologique *recevoir?*... L'explication en est bien curieuse : *recevoir le prix de sa faute*, ce n'est certes pas toucher une prime : c'est subir la bastonnade ! Il y a plus qu'une nuance ! En un mot, c'est accepter des coups de bâton, comme

---

[1] *Code annam.*, p. 110, 112. Les commentateurs disent : « Le talent doit être épargné ; aussi l'astronome coupable peut-il ordinairement racheter sa peine en subissant cent coups de truong, et en payant le surplus. »(P. 71, *loc. cit.*) On sait combien l'astronome, confondu avec l'astrologue, était en honneur chez les anciens Chinois. — V. les études des RR. PP. Gaubil et Amiot.

l'équivalent, comme le prix du châtiment infligé... Ainsi, tel individu est-il condamné à la prison? il aura la faculté de se libérer en consentant à être fustigé en échange : « Son dos paiera pour sa main. » On y voit double profit; car, si la répression est certes plus dure, du moins est-elle plus rapide; et d'autre part, l'État y trouve l'avantage de ne pas nourrir et surveiller dans les prisons une armée de délinquants. Il économise ainsi argent, et sacs de riz[1]!

Le rachat se fait au moyen de coups de *truong*, en vertu d'une commutation de peine, et d'après un tarif prévu.

Le truong constitue une peine supérieure à celle du rotin ou *xuy*.

Le rotin consiste, en effet, en une petite baguette souple, tandis que le truong est une sorte de *bâton* assez gros, dont les rudes coups meurtrissent le patient : les femmes ne sont jamais soumises qu'au rotin. Cette baguette mesure deux pieds sept pouces de long, et

---

[1] Nous pourrions citer nombre de procès criminels, en France, où les frais de justice ont atteint le chiffre de 100.000 francs. Les frais de justice criminelle dépassent cinq millions par an... Que de délits conjurés, si pareille somme était charitablement consacrée à mettre à l'abri des défaillances! On vote d'énormes crédits pour *réprimer*, sans penser qu'il serait autrement utile de *prévenir* le mal.

cinq dixièmes de pouce de tour; tandis que le truong redouté a deux pieds huit pouces de long, et un pouce deux dixièmes environ de circonférence. (*Code annam.*, p. 71.)

On distingue cinq degrés dans l'application du truong : *soixante* coups, *soixante-dix* coups, *quatre-vingts* coups, *quatre-vingt-dix* coups.

Quand on administre les *cent coups*, on arrive à la peine maxima dans cet ordre de répression.

Les anciens codes du *Cambodge* ont prévu contre les grands criminels *vingt et un modes de mort lente* (appelée par les Cambodgiens *tram-gian-hâu*) plus abominables les uns que les autres.

Imaginez tout ce que le dépeçage, l'écartèlement, l'écorchage des chairs et le broiement des os peuvent offrir de plus révoltant, de plus sauvage; mettez en œuvre peignes de fer et crocs acérés, dards aigus, barres rougies et huile bouillante, pour arriver à la torture savante, à la cruauté raffinée; et vous aurez l'idée de ce qu'était, il y a peu d'années encore, la peine de mort dans ce pays...

Nous avons sous les yeux le détail de ces horreurs, et nous ne pouvons nous résigner à reproduire ici ces tableaux répugnants dont s'offenserait à bon droit la délicatesse du lecteur.

Actuellement, la décapitation est le genre de peine suprême appliqué; cependant la *mort par la lance* est encore usitée quand il s'agit d'un soldat déserteur, insubordonné ou seulement coupable d'une faute grave dans le service.

Les *mutilations* comme sanction des délits ordinaires étaient de six sortes : on abattait une *main* ou les deux mains, — on coupait les *oreilles*, les *lèvres* ou un certain nombre de *doigts*, — enfin *on fendait la bouche* plus ou moins, quelquefois même jusqu'aux oreilles !

Les peines accessoires comprenaient : la chaîne aux pieds, aux reins, au cou, les entraves et les menottes.

Les supplices des sauvages se signalent par une cruauté froide qui dénote bien leur caractère.

Les Indiens de la *Floride* amènent le coupable aux pieds du chef de la tribu; le bourreau l'étend à terre, appuie le pied gauche sur son dos, et l'assomme d'un coup de casse-tête ou de massue[1], comme nous ferions d'une

---

[1] *L'esprit des usages...* par Demeunier.

vipère rencontrée sous nos pas dans la forêt.

Les *Iroquois* nouent l'extrémité des muscles de leur prisonnier à des bâtons de bois dur, sur lesquels ils les enroulent [1].

Les nègres de Juida éventrent leur victime en chantant, puis lui arrachent les entrailles qu'ils jettent à la foule : cela fait penser au chasseur qui, après avoir « servi le sanglier », livre à la meute la sanglante curée, pendant que les trompes joyeuses sonnent l'hallali.

Les anciens *Cosaques* du Don liaient les criminels à des arbres et les perçaient de flèches ; ou encore, les attachant à la queue d'un cheval, ils les faisaient ainsi traîner sur les chemins raboteux.

D'après Gmelin, les *Sibériens* enterraient tout vifs les coupables ; il vit appliquer ce châtiment même à une femme.

Un criminaliste, le docteur Lombroso, et d'autres après lui, ont soutenu que les grands coupables présentaient certains signes physiologiques ou anatomiques aussi évidents que constants ; en sorte qu'il serait possible de donner le signalement auquel on reconnaîtrait les criminels ; la précocité ou la pro-

[1] *Voyage* de la Potherie.

fondeur de l'instinct vicieux se lirait facilement par une inspection médicale, qui remplacerait en quelque sorte les investigations de la justice et les déclarations des témoins.

Cette école exagère les conséquences vraies de l'innéité, de l'atavisme. Si sa doctrine était exacte, il faudrait ouvrir les cliniques et fermer les prisons; car il y aurait criante injustice à punir un homme qui ne serait que l'instrument inconscient d'une organisation vicieuse.

En effet, s'emparant de cette thèse, l'accusé serait en droit de dire à ses juges : « Je suis prédestiné au mal : je résume en moi les divers attributs constitutifs de cette maladie congénitale qui s'appelle criminalité; l'impulsion brutale à laquelle j'ai obéi passivement se trouve justifiée par les signes suivants dont je présente tous les caractères (comme MM. les jurés pourront le vérifier) et qui, scientifiquement, s'appellent : saillie des zygomes, aspect ptéléiforme de l'ouverture nasale, etc. [1]. Oui, j'ai tué! oui, j'ai volé! mais ce n'est

---

[1] On indique également l'état du cerveau et des fosses occipitales comme signe de criminalité... L'inconvénient dans l'ordre pratique, c'est que plusieurs des phénomènes dits *révélateurs* ne peuvent être reconnus sûrement qu'après la mort.

pas ma faute : la nature est la seule coupable ! »

Si les partisans de l'irresponsabilité recevaient un coup de couteau, ou se voyaient détroussés par un sujet présentant les caractères physiologiques précités, concluraient-ils à une fatalité impulsive dont ils seraient victimes...? On peut en douter. Et cependant l'impérieuse logique voudrait qu'au lieu de porter plainte ils dissent charitablement : « Il m'a blessé, c'est vrai ; il m'a dévalisé, je n'en disconviens pas ; mais il est seulement victime de tendances maladives : acquittez-le ! »

La théorie lombrosienne est excessive ; elle contient toutefois une part de vérité qu'on aurait tort de méconnaître. Ainsi, par exemple, le volume exceptionnel des mâchoires se rencontre souvent chez les bandits, à qui il donne un aspect presque bestial. Il semble résulter aussi de l'examen comparé des têtes (céphalométrie), que les honnêtes gens ont le front développé, tandis que les criminels ont le reste de la tête proportionnellement plus gros que la partie frontale [1], siège connu des facultés supérieures.

[1] Le directeur-médecin de maisons pénitentiaires en Russie, M. Bajenoff, dit de son côté que les jeunes gens honnêtes sont des *frontaux*, tandis que les criminels sont des *pariétaux* et des *occipitaux*.

Les types de criminels ont été l'objet d'études attentives depuis quelques années seulement. D'après le Dr Sollier, il n'y a pas de signe physiologique absolu, révélant la perversité des individus; néanmoins certaines caractéristiques peuvent être signalées. Ainsi les criminels ont plutôt le crâne irrégulier du côté gauche; leur nez, au dire d'Ottolenghi, dévie spécialement aussi à gauche. En général ils ont les bras d'une longueur excessive; leur barbe est rare, et souvent même ils sont glabres, etc.

Le Dr Bordier [1] a eu à sa disposition trente-six crânes d'assassins. Il a examiné leur dossier judiciaire, et l'a rapproché de leur dossier anatomique. Fait paradoxal! écrit M. de Parville, la mesure du volume de ces crânes a montré que les assassins ont la tête *plus grosse* que la moyenne des autres hommes; mais la noble région frontale manque de développement, tandis que les côtés de la tête présentent une extension caractéristique.

Bien que l'homme le plus obtus, le plus brutal (mais non aliéné) sache, à n'en point douter, que faire *du mal*, c'est *faire mal*;

[1] *Recherches sur la tête des assassins.*

bien qu'il doive dès lors être comptable de
ses crimes devant la société, il n'en est pas
moins à noter que les hommes pervertis présentent entre eux des analogies sensibles :
sur cent crânes d'assassins on en trouves eu-
lement huit absolument normaux, et trente-
trois tout à fait irréguliers.

« On est donc plus ou moins porté au mal,
écrit un spécialiste[1]; mais, *quand même*, on
peut, dans une large mesure, lutter contre
les propensions ou les sollicitations coupables. Il n'est pas besoin en effet d'être instruit ni doué d'une manière exceptionnelle,
pour comprendre qu'il n'est point permis
d'attenter à la vie ni aux biens du prochain. »

Non, ainsi que nous l'avons démontré
ailleurs[2], en principe *le mal n'est pas fatal;*
mais *il le devient* en quelque sorte, quand
on ne fait rien pour réagir : à plus forte raison lorsque, se sentant porté à la défaillance,
on va au-devant des tentations. Voilà pourquoi, moralement et légalement, la responsabilité vraie remonte aux concessions
voulues, qui devaient sûrement préparer les

[1] M. Bordier.
[2] *Les Enfants mal élevés*, étud. crit. par Fernand
Nicolaÿ, Perrin édit., Paris.

crimes ou méfaits, pour lesquels il serait trop commode de revendiquer une scandaleuse impunité.

Malgré le jugement de Platon[1], il est certain que la femme, à proportion égale, est très sensiblement moins criminelle que l'homme : cela du moins est vrai pour tous les pays modernes.

Si l'on fait une moyenne loyale et judicieuse, on voit que, de nos jours, *le penchant au crime est cinq à six fois plus développé chez l'homme que chez la femme*[2].

Voici une statistique qui donne pour l'Europe le nombre des criminels des deux sexes[3] sur cent :

Angleterre,	79 hommes criminels,	21 *femmes* seulement
Danemark,	80	—	20	—
Hollande,	81	—	19	—
France,	83	—	17	—
Autriche,	83	—	17	—
Prusse,	85	—	15	—
Russie,	91	—	9	—

Un autre tableau dressé récemment à Ber-

---

[1] « Le sexe féminin, dit Platon, est moins porté que le nôtre à la vertu. » (*Lois*, VI.)

[2] MM. Guillot, Quetelet et autres trouvent à peu près la même proportion.

[3] *Journal of Stat. Society.*

lin offre la proportion suivante, entre les hommes et les femmes :

Angleterre, 20 *femmes*, contre 100 hommes condamnés.
Allemagne, 19 — —
France, 16 — —
Autriche, 14 — —
Hongrie, 11 — —
Italie, 5 — —

En Écosse, la culpabilité de la femme monte jusqu'au chiffre anormal de 37, contre cent hommes.

Au contraire, les Italiennes et les Russes commettent très peu de délits.

Si l'on examine ensuite la criminalité féminine d'après les catégories sociales, on voit que le rapport change complètement quand il s'agit des *villes* ou des *campagnes*. Ainsi dans le monde des agriculteurs, les femmes ne valent guère mieux que les hommes. Aux champs, la vie de la femme ressemble beaucoup à celle du mari : isolement, ignorance, et rudes travaux communs, tel est le régime qui abolit en elle ses délicatesses natives

A la ville au contraire, s'il y a certainement bien des déchéances morales, la moyenne de culpabilité féminine (du moins en ce qui concerne les manquements réprimés par la loi) reste bien plus honorable que celle relevée contre les campagnardes.

Un statisticien s'est appliqué à relever le nombre des délits de paroles commis par les deux sexes en France : or sur 3.186 prévenus de *diffamation* il y a 2.222 hommes, et 964 femmes, — sur 430 prévenus de *menaces* : 379 hommes et 51 femmes seulement, — pour les *outrages* : 11.625 hommes et 1.647 femmes.

« Ce qui distingue les criminelles des femmes normales et surtout des folles, dit le Dr Lombroso (à qui nous laissons la responsabilité de l'affirmation), c'est l'abondance extrême de leur *chevelure* : 39 sur 122 avaient des cheveux opulents. Je n'en ai pas trouvé parmi elles une seule chauve, dit-il ; et 3 homicides seulement sur 122 avaient les cheveux blancs[1]. »

« Que les femmes qui ont une abondante chevelure se rassurent, répond judicieusement M. Proal, et que celles qui sont atteintes de calvitie ne se hâtent pas de s'attribuer le monopole de la vertu : cette double constatation s'explique très facilement, car les crimi-

[1] *L'Homme criminel*, p. 238.

nelles du sexe féminin sont presque toujours des femmes jeunes. »

Quelles raisons peut-on donner de la perversité masculine relative, autrement dit : pourquoi la femme résiste-t-elle mieux que l'homme aux tentations ?

Le sentiment plus vif du devoir, constaté chez les femmes, procède de leurs convictions religieuses : « Pendant qu'elles conservent, pour la plupart, leurs croyances spiritualistes et chrétiennes, écrit M. Proal[1], beaucoup d'hommes les perdent, et ne trouvent rien pour les remplacer. »

Cette explication est pleinement confirmée par l'expérience.

[1] *Le Crime et la Peine.*

CHAPITRE IV

L'HOMICIDE A LA GUERRE

Description des premières armes. — L'homme préhistorique
et les haches de pierre. — Rapport entre le génie des peuples et leurs procédés belliqueux. — Comment l'artillerie
est antérieure à la fabrication de la poudre. — Les premières bouches à feu à la guerre. — Inventions et procédés de destruction : éléphants armés, chars, feu grec ou
grégeois. — Talismans de bataille et épées enchantées;
formules dites cabalistiques « pour être invulnérable ». —
Lois de Moïse sur la guerre. — Organisation des armées en
Égypte, en Grèce, à Rome : tirage au sort, durée du service, punitions... — Les poltrons chez les Germains et les
Romains. — Comment combattaient les Gaulois. — De la
condition des soldats sous Charlemagne. — L'ost et la
chevauchée dans les Établissements de saint Louis. — Un
appel aux armes sous la Féodalité; chevaliers et « lances
fournies ». — Chant guerrier « du batailleur ». — Les rois,
les soldés et les armées permanentes. — Instruments de
destruction dans les guerres modernes : quels sont ceux
interdits? — Bombardements, blessés, otages... — Sectes
interdisant de porter les armes. — La guerre est-elle un
mal nécessaire?...

Dans ses combats fratricides, comme dans
ses luttes contre les animaux dangereux,
l'homme jugeant insuffisante sa vigueur mus-
culaire a eu recours, dès l'origine, à des ins-

truments spéciaux pour décupler son énergie et la violence de ses attaques.

Sentant sa faiblesse relative au milieu de la nature, il a donc recherché les moyens de compenser par son ingéniosité et son intelligence la force qui lui manquait pour échapper aux dangers multiples qui l'entouraient, ou poursuivre victorieusement des entreprises contre les êtres qu'il rêvait d'asservir : de ce calcul instinctif provient l'invention d'armes destinées à conquérir ou à conserver les choses nécessaires, utiles ou simplement agréables.

Pour l'homme préhistorique, une *pierre* ramassée sur le sol, un *bâton*, durent être les premiers instruments employés ; puis l'expérience aidée d'une certaine industrie lui fit imaginer la *massue*, les *flèches* armées de silex ou d'os tranchants ; la *hache de pierre* taillée ou polie[1] (et plus tard de bronze), insérée dans une tige de bois servant de manche.

Pour fixer la hache proprement dite, les premiers hommes la liaient, au moyen de cordelettes, au manche fendu par un bout ; mais leur intelligence leur suggéra aussi de

---

[1] L'époque néolithique est celle de la pierre *polie*, succédant à celle dite paléolithique que caractérise la pierre taillée *à grands éclats*.

faire pénétrer le silex par une ouverture pratiquée au-dessous d'un nœud, dans une branche d'arbuste : la sève montait peu à peu et s'épanchait par la plaie, puis, en se desséchant autour de la pierre, la soudait avec le bois, de façon qu'elle fît désormais corps avec lui.

L'arme poussait donc, en quelque sorte, du sein de la terre. Or, étant donné le nombre de haches qu'un homme devait mettre hors d'usage en une seule année, comme outil ou arme guerrière, on doit croire qu'on rencontrait çà et là de petits bois, des bouquets d'arbres, où les tiges choisies portaient des pierres mortelles dissimulées sous un gai feuillage, et peut-être sous des fleurs...

Contraste saisissant! l'homme choisissait des branches vives pour y greffer la mort.

Le sentiment naturel de la conservation a bientôt inspiré à l'homme l'idée d'imaginer aussi d'ingénieuses *armes défensives*, pour se préserver des coups de ses adversaires.

Grâce aux dessins et bas-reliefs que nous avons des Chaldéens, des Babyloniens, des Assyriens et des Égyptiens et qui presque tous rappellent des scènes belliqueuses, on est fixé sur les armes protectrices que portaient les soldats des vieux empires orientaux,

à savoir : le *casque* à jugulaires, le *corselet* .
en lames d'acier cousues sur une forte toile [1],
et les *jambières*.

Le *bouclier* rond par le haut et carré en
bas était, à la partie supérieure, percé d'un
trou permettant au soldat égyptien de se
rendre compte du terrain et d'observer l'ennemi sans se démasquer. Les Grecs se garan-
tissaient au moyen de la cuirasse ou corselet
à écailles, du bouclier rond, des jambières [2]
et du casque.

Dans les collections d'armes, on peut
remarquer que beaucoup de *casques* affectent
la forme de têtes de bêtes féroces ; il n'y a
point là une simple fantaisie, mais le souvenir
exact de ce qu'était cette protection à l'origine.

En guise de casque, les guerriers se coiffaient
effectivement d'une peau de bête ; et la plas-
tique des anciens figure plus d'un héros
ayant sur la tête le *mufle d'un lion*, dont les
pattes sont nouées sur la gorge, et dont le
reste de la peau sert de manteau sauvage.
« Cette coiffure de cuir naturel, dit Suidas,
servait tout ensemble de défense, et de protection contre le froid. »

[1] On trouve, dans les musées, des cottes à écailles
de bronze remontant à la XVIIIe dynastie, soit environ mille ans avant notre ère.
[2] Ou cnémides.

Quand le couvre-chef était formé de la dépouille d'une bête féroce, on prenait grand soin de conserver l'aspect de la tête de l'animal, et d'arranger les dents de manière à lui donner une expression menaçante.

Le cuir était souvent renforcé de lames de métal et rehaussé d'or.

En lisant Homère, on apprend que le casque de bronze de ses héros masque à la fois les yeux, la bouche et le nez, si bien que ceux qui le portent ne sont reconnaissables qu'à certains signes extérieurs : au sommet se développent des cimiers ornés d'énormes panaches, des aigrettes multiples et des crins abondants retombant sur les épaules.

« Les soldats perses, écrit Hérodote, avaient des bonnets de feutre foulé, appelés tiare. Les Saces (peuple scythe) en portaient de semblables se terminant en pointe.

Les Éthiopiens orientaux disposaient sur leur tête des peaux de *front de cheval*, enlevées avec la crinière et les oreilles: les oreilles se tenaient droites, et la crinière leur servait d'aigrette [1].

Le légionnaire romain préféra un couvre-

---

[1] Liv. VII, ch. LXI et LXX. Dans le même livre Hérodote parle aussi de casques de bois, portés par les habitants de la Colchide.

chef plus simple et plus pratique, une calotte de bronze avec couvre-nuque et frontal, et, tout en haut, un anneau ou un bouton métallique. Les ornements furent réservés aux *centurions* seuls, pour les distinguer de leurs soldats.

« Les hastaires, dit Polybe, fixent sur leur casque un panache rouge ou noir, formé de trois plumes droites et hautes d'une coudée, ce qui, joint à leurs autres armes, les fait paraître une fois plus hauts, et leur donne un air grand et formidable... Quant aux vélites, leur casque sans crinière est quelquefois couvert de la peau d'un *loup* ou de quelque autre animal, tant pour les protéger que pour rappeler à leurs chefs ceux qui se sont signalés dans les combats[1]. »

Les ornements du casque et ses emblèmes avaient donc une signification, comme dans la langue du blason.

En France, le heaume, casque de forme cylindrique, s'allongea au treizième siècle de manière à descendre jusqu'au menton, et fut percé de trous à la hauteur des yeux, de la bouche et des oreilles ; ensuite cet accessoire fut rendu mobile et prit le nom de ventail ou

[1] Liv. V, fragment 5.

visière. « La visière, le ventail, qui ont pris leur nom de *vue* et de *vent*, dit Fauchet [1], pouvoient se lever et baisser pour prendre vent et haleine. Ce néanmoins, il estait fort poisant (pesant) et si mal aisé, que quelquefois un coup de lance bien asséné au nasal, ventail ou visière, tournoit le devant derrière. »

Depuis, quand les heaumes représentèrent la tête d'un homme, ils furent nommés « bourguignotes », à cause des Bourguignons inventeurs. Le mot *tête bourguignonne* devint, en effet, synonyme de couvre-chef, ainsi que le prouve ce passage d'Isambert (*Anciennes lois*, XIII, 127) : « L'archer portera pour habillement : teste bourguignonne, cuirasse, avant-bras, cuissots et lance. »

Plus tard, le heaume reprit la forme d'un cône cambré dans le sens de sa hauteur. On y attachait une petite pièce de riche étoffe, aux couleurs du chevalier, et appelée *lambequin* ou lambrequin.

Au-dessous était placé le cimier, ornement de fantaisie, ordinairement en cuir bouilli ou en carton verni, peint de couleurs éclatantes.

---

[1] *Traité de la Milice.* — Placé au sommet d'un château, un heaume indiquait que le châtelain donnait l'hospitalité.

Le bassinet était un casque léger et de petite tenue, qui se portait en voyage ou dans les occasions de peu d'importance.

Le haubert, vêtement distinctif de la noblesse, consistait en une tunique de mailles qui s'arrêtait un peu au-dessus du genou.

Les anciens avaient deux espèces de *boucliers*, que les Latins ont désigné par les noms de *clypeus* et de *scutum*.

Le premier, celui admis par les Grecs, fut d'abord un rond d'osier, puis de bois, recouvert de peaux bordées d'un cercle métallique; les boucliers des Éthiopiens orientaux étaient fabriqués avec des *peaux de grues*, dont la solidité était exceptionnelle [1].

Au centre se trouvait une plaque de métal relevée en bosse [2], et ornée de figures symboliques ou armoiries, représentant un animal redoutable, une constellation, ou un emblème emprunté à la nature. Autour, était gravées des devises du genre de celles dont déjà Eschyle cite quelques exemples : « *Je brûlerai la ville* »; ou « *Mars lui-même ne me vaincrait pas* »; ou encore : « *Je suis la Justice !* »

Au baudrier originaire qui retenait le bou-

[1] Hérodote, VIII.
[2] *Umbo.*

clier au cou du soldat, on substitua plus tard des branches de fer en forme d'X, permettant de les tenir par le milieu; mais quand les Romains appendaient des *ex-voto* de boucliers dans les temples après une victoire signalée, en gens prudents, ils avaient soin de les dégarnir de cette poignée, pour qu'on ne pût facilement en faire usage au jour où une révolte contre Rome aurait éclaté.

Bientôt les Romains empruntèrent aux Samnites le *scutum*, bouclier dont la forme convexe s'adaptait au corps et détournait mieux les coups.

Polybe le décrit en ces termes : « Porté par les hastaires, il est large de deux pieds et demi et long de quatre pieds : le plus haut mesure environ quatre pieds et une palme. Il est fait de deux planches collées l'une sur l'autre avec de la gélatine de taureau, et couvertes de toile et de cuir de veau. Les bords de ce bouclier sont garnis de fer pour recevoir les coups de taille, et aussi pour empêcher qu'ils ne se pourrissent contre terre. La partie convexe est également protégée par une plaque de fer [1]. »

Afin que les soldats romains pussent se

---

[1] Liv. V, frag. 5.

reconnaître dans la mêlée, remarque Végèce, chaque cohorte avait des boucliers peints différemment; et sur chacun d'eux étaient écrits le nom du soldat, le numéro de sa cohorte et celui de sa centurie [1] ».

Quant aux troupes légères, elles eussent été gênées dans leurs évolutions par cette lourde protection; aussi ne laissait-on aux vélites qu'un petit bouclier, *parma*, fait d'osier et de cuir pour n'entraver en rien la rapidité de leur marche.

Aux premières *cuirasses* de grosses étoffes, succédèrent des blouses de peaux que l'on garnit de plaques, de languettes, ou d'écailles de métal, en fer et même en or [2].

Lorsque la cuirasse était de bronze, elle dessinait si bien la forme humaine qu'elle accusait même les détails de la musculature : elle s'attachait au moyen de bretelles sur les épaules, et de boucles sur les côtés; quelquefois elle était faite de deux pièces seulement, reliées par une charnière, et se fermant comme une boîte; on l'appelait chez les Grecs : « la cuirasse qui se tient debout [3]. »

Les Romains se gardèrent bien de s'en-

[1] Liv. II, ch. xvii.
[2] A la bataille de Platée, le chef de la cavalerie en avait une de ce genre qui le rendit invulnérable.
[3] *Thôrax-statos.*

fermer et de s'immobiliser ainsi dans ces lourds appareils.

La vraie cuirasse du légionnaire se composa de bandes de fer battu[1], larges d'environ six centimètres, figurant autant de ceintures superposées, de façon à cercler de fer le soldat sans paralyser ses mouvements : l'ensemble s'appelait *pectorale*. D'autres bandes articulées servaient d'épaulières[2], et s'ajustaient au pectorale de façon à laisser aux bras toute liberté.

Les *cuirasses de laine* étaient aussi en usage : « Avec la laine, dit Pline, on fait du feutre qui, trempé dans le vinaigre, résiste au fer[3]. »

Les propriétés de l'*étoffe vinaigrée* étaient encore vantées au moyen âge : « Dans un combat livré par Isaac l'Ange, Conrad de Montferrat, allié de l'empereur, combattit sans bouclier, dit Nicetas; mais il avait sur lui une étoffe de lin qui, saturée de vinaigre et de sel, avait acquis par le foulage[4] dans ce

---

[1] *Laminæ.*
[2] *Humeralia.*
[3] L. VIII, 73.
[4] En 1843, l'Académie des Inscriptions et Belles-Lettres a reçu un Mémoire sur le *pilima* ou feutre, utilisé jadis comme arme défensive; un Grec, M. Papadopoulo-Vrétos, disait en avoir retrouvé le procédé de fabrication, et le proposait aux armées modernes.

mélange, une telle force de résistance, que rien n'était plus propre à garantir des traits. » (*Isaac l'Ange*, VIII, ch. ix.) Toutefois l'auteur ajoute que « l'étoffe était composée de dix-huit doubles que l'on pouvait compter ». Cette disposition du vêtement devait être aussi utile, ce semble, que l'infusion précitée.

Les phalanges macédoniennes avaient une *demi-cuirasse,* destinée à couvrir seulement la poitrine.

La raison de cette forme est à rappeler : « Alexandre, dit Polyen, voulant empêcher les soldats de prendre la fuite, ne leur fit donner que des moitiés de cuirasses *laissant voir leur dos :* par ce moyen ils pouvaient résister en face : mais, s'ils tentaient de fuir, ils se livraient au fer de l'ennemi [1]. »

Les Gaulois, qui se faisaient gloire d'affronter la mort et de la mépriser, ne connurent pas en quelque sorte les cuirasses ; et plus d'une fois au moment du combat ils jetèrent leur bouclier long et même leur tunique, pour fondre plus librement sur leurs ennemis.

Strada, historien des guerres de Flandre au seizième siècle, raconte également qu'à la

---

[1] *Stratagèmes,* IV, ch. iii.

bataille de Malines « les Écossais se dépouil-
lèrent de leurs habits, se contentant de leur
chemise pour tout uniforme guerrier¹ ».

Mais au moyen âge les armes protectrices
de nos pères étaient devenues si pesantes
que « l'on mourait de son armure autant que
de ses blessures ».

Aussi maint combattant « se défaisait-il de
ces choses aussi griefves qu'empeschantes »,
comme on disait alors; et Tavannes écrit
dans ses Mémoires, en un style savoureux :
« L'imagination, partie de notre esprit, est si
joincte à nostre corps, qu'elle diminue par
l'excessif travail d'iceluy. Or, il est difficile
à des capitaines, ainsi enferrez, de demeurer
en même assiette, de voir, d'ouïr, et de galo-
per selon la nécessité, laquelle voudrait
cependant que général et maréchal de
camp volassent, et eussent même plusieurs
corps, pour ordonner partout. »

Ces armures semblaient si insupportables
aux guerriers, que ce fut en vain qu'en 1638
et 1639 Louis XIII, puis Louis XIV par une
ordonnance du 5 mars 1675, prescrivirent à
tous cavaliers et gentilshommes de se couvrir d'armes protectrices : on aimait mieux

---

¹ *Cur. milit.*, 7.

s'exposer à un coup mortel, que de s'épuiser tous les jours dans une fatigue intolérable.

En France, la cuirasse et le casque ne sont plus en usage que dans certains corps de cavalerie.

Très efficaces, en effet, contre les assauts de l'arme blanche, ces vêtements d'acier ont perdu beaucoup de leur importance à raison du rôle prépondérant de l'artillerie sur les champs de bataille modernes.

Occupons-nous, maintenant, des armes *offensives* postérieures à l'âge de pierre.

Les armes de cette seconde période (dite àge de bronze) trouvées dans les fouilles sont principalement des haches et couteaux, des épées à deux tranchants, des pointes de lances et des javelines.

On sait qu'une partie de l'armement des Égyptiens consistait en *bâtons ferrés*, en *glaives* à un seul tranchant, en *arcs* de grande dimension et en *frondes* de divers systèmes.

Le musée de Berlin contient une *dague* de bronze qui remonte à la plus haute antiquité de l'Égypte.

Les épées des premiers Grecs furent en bronze. Elles s'élargissaient depuis la garde jusqu'au dernier quart de la longueur, où la pointe se formait assez brusquement.

Du temps d'Homère, l'épée était suspendue à un baudrier qui descendait de l'épaule jusque sur la cuisse. Les fantassins la portaient à gauche, les cavaliers à droite.

On lit dans Homère qu'au fourreau était attaché un couteau ou poignard servant moins à combattre qu'à découper les viandes dans les festins. Les Circassiens en portent encore de semblables.

Les Lacédémoniens se servaient d'un sabre recourbé et fort court. Tel était aussi, comme on le voit sur la colonne Trajane, l'épée des Perses et celle de la plupart des barbares.

Les sabres des Gaulois étaient en fer, longs et sans pointe; ils ne pouvaient frapper que de taille.

La lame en était d'une trempe si mauvaise qu'elle se faussait dès les premiers coups; et le soldat, pour pouvoir s'en servir encore, était obligé de l'appuyer en terre et de la redresser avec le pied. Cette infériorité de leurs armes fut cause de leur défaite à la bataille de Télamon : « Les Romains, instruits par leurs tribuns militaires, dit Polybe, et ayant des épées pointues et bien affilées, les frappèrent d'estoc et non de taille, sur la poitrine et au visage, et les couvrirent de blessures [1]. »

Les armes familières aux Romains étaient la *lance*, la *hache* et l'*épée*.

Celle-ci fut d'abord semblable aux lames qu'avaient les Grecs et les Etrusques; mais, à l'époque des guerres d'Annibal, les Romains adoptèrent celles des Espagnols dont la fabrication constituait déjà une industrie fameuse chez les Celtibères; ajoutons-y un *poignard* que, d'après l'historien Josèphe, ils portaient au côté droit.

La francisque, ou hache à deux tranchants, était l'arme de prédilection des Francs : « Pour eux, dit Sidoine Apollinaire, c'est un jeu de lancer par les airs les haches rapides, avec tant de sûreté et de précision, qu'ils fixent d'avance la place exacte où elles iront frapper. » Ils y adjoignaient un certain coutelas appelé *scramasax*, orné d'entailles profondes remplies d'un suc empoisonné. Sigebert fut assassiné avec un couteau de ce genre, rapporte Grégoire de Tours.

Le moine de Saint-Gall nous a laissé la description suivante de l'épée portée par un chef franc, un jour de cérémonie : « Un bau-

[1] Liv. II, chap. vi. — V. *Cur. mil.*

drier, dit-il, soutenait une épée; et celle-ci, bien enveloppée d'abord dans un fourreau, puis dans une courroie et enfin dans une toile blanche cirée, était encore fortifiée au milieu par de petites croix très saillantes, afin de donner plus sûrement la mort aux gentils[1]. »

Le même écrivain parle, dans son second livre (ch. XXVIII), d'une épée de bonne trempe, présentée par des envoyés normands à Charlemagne, « qui plia ce glaive de la pointe à la poignée, comme il aurait fait de l'osier, et lui laissa ensuite reprendre son premier estat ».

On ne sait pas au juste à quelle époque remontent les *épées à deux mains*, dont il est souvent question dans les chroniques du moyen âge. Telles furent les célèbres épées, la Joyeuse de Charlemagne, et la Durandal de Roland.

Cependant si terribles qu'on suppose les atteintes des épées « à double main », il est difficile d'admettre que les historiographes de Godefroy de Bouillon n'exagèrent point quelque peu la prouesse, quand ils racontent que le preux Godefroy « pourfendit un jour de telle sorte un Sarrasin qu'une moitié du corps

[1] Liv. I, ch. XXXVI. — Duchesne, *Rec. des hist. de France*, t. II, p. 121.

tomba d'un côté du cheval et l'autre du côté inverse ».

Au moyen âge, la *lance* fut pendant longtemps l'arme distinctive des chevaliers et des « gens d'armes ».

Elle était ordinairement en bois de frêne, fort longue, et terminée par un fer très aigu. Mais vers le quatorzième siècle, on la rendit à la fois plus courte et plus forte. Le fer devint semblable à la lame d'un poignard, et sa forme nouvelle lui fit donner le nom de glaive, par lequel Froissart désigne la lance de son temps.

Enfin, pour pouvoir être plus facilement maniée, elle fut amincie un peu avant son extrémité inférieure, et garnie à cet endroit d'une rondelle de métal qui servait de garde et protégeait la main du chevalier.

Dès le onzième siècle, la terrible *arbalète* se généralisa beaucoup. Dans un passage de l'*Alexiade*, Anne Comnène la décrit en ces termes : « C'est un genre d'arc à l'usage des Barbares. Celui qui s'en sert se couche à la renverse et, appuyant les deux pieds sur le demi-cercle, tire la corde avec les mains. Au milieu de la corde, il y a un tuyau en forme de demi-cylindre. On met dedans des traits fort courts, garnis de fer. Lorsqu'on lâche la corde, le trait part du tuyau avec une impétuosité contre laquelle rien n'est à l'épreuve. Il ne perce pas seulement un bouclier, il traverse une cuirasse et un homme de part en part. Quiconque en est frappé meurt avant d'avoir senti le coup. L'invention de cette machine semble tout à fait digne de la malice du démon [1]. »

Cette arme, dont il est question dans plusieurs chroniques du douzième siècle (et entre autres dans la *Vie de Louis VI*, par Suger, et dans celle de *Charles le Bon, comte de Flandre*, par Gualbert), fut proscrite comme trop meurtrière, par le dix-huitième article du concile général de Latran en 1139 : « Nous défendons, sous peine d'anathème, y est-il dit, que l'art funeste et odieux aux yeux de Dieu des balistaires (*ballistariorum*) et des archers (*sagittariorum*) soit exercé dans les combats entre chrétiens. »

Les dards qu'on lançait le plus ordinairement avec l'arbalète étaient : le *garrot*, quarrel ou carreau, de bois ou de métal, à bout de fer carré, le *vireton* et le *matras*. Ce dernier, beaucoup plus long et plus fort que les autres, se terminait par une grosse pièce

---

[1] Liv. X, chap. VI, trad. du président Cousin.

de fer, finissant brusquement en pointe : on était obligé, à cause de la pesanteur de ce trait, de bander les arbalètes au moyen d'un cric ou d'un tourniquet.

La *fronde* fut en usage jusqu'à la fin du seizième siècle.

On lit dans la relation du fameux siège soutenu à Sancerre par les protestants, en 1572 : « Durant l'assaut, les vignerons de la ville, qui estoyent en grand nombre divisés en plusieurs endroits de la brèche et ailleurs avec leurs frondes (qu'ils appellent pistolles de Sancerre), les femmes et les servans leurs portans force pierre, firent merveilles : et eussiez veu tomber les cailloux et les pierres qu'ils jettoyent plus dru que gresle sur les assaillans[1]. »

Suivant d'Aubigné, on appela alors les frondes : des arquebuses de Sancerre.

On lit dans Walter Scott[2] qu'au seizième siècle, les Écossais portaient une lance de dix-huit pieds de long. Lorsqu'ils voulaient barrer le chemin à l'ennemi, ils se tenaient serrés les uns contre les autres, le premier rang mettant un genou en terre, et dirigeant

---

[1] *Relation du siège de Sancerre*, Bourges, 1845, in-8°, p. 83.
[2] *Hist. de l'Écosse*, I, 26.

la pointe des lances vers l'ennemi. Ceux qui étaient immédiatement derrière eux se courbaient un peu, et les autres restaient droits, présentant leur arme par-dessus la tête de leurs camarades, la pointe également dirigée contre la poitrine des adversaires...

On croirait lire une description de la phalange macédonienne.

Plusieurs armes blanches, telles que la lance et l'épée, ont été conservées dans l'armement des troupes modernes, bien que l'invention de la poudre ait changé du tout au tout les conditions des batailles.

Le mot *artillerie*, qui de nos jours ne s'applique qu'aux armes à feu de gros calibre rentrant dans la catégorie des obus, canons, mitrailleuses, était très connu, *longtemps avant l'invention de la poudre.*

L'affirmation semble peu vraisemblable, aussi y a-t-il lieu de la justifier en quelques mots.

Autrefois, par artillerie, *ars telorum,* on désignait simplement les armes d'attaque lancées par les combattants, flèches, arcs ou arbalètes ; et, selon une ancienne définition : « Le mestier d'artillerie, c'est à savoir celui de *faiseur d'arc.* »

Quant l'étymologie directe, on la rencontre dans le vieux verbe « artiller », armer, qui existait encore au treizième siècle dans le vocabulaire de la marine : on disait alors « vaisseau artillé », pour désigner un vaisseau armé [1].

Le sire de Joinville parle d'un certain Jean l'Ermin, « artiller du roy, qui était allé à Damas pour acheter cornes et glus d'arbalètes [2] ». On trouve une définition précise dans la poésie suivante :

> Artillerie est le charroy
> Qui par duc, par comte, par roy,
> Ou par aucun seigneur de terre,
> Est chargié de quarriaus [3] en guerre,
> D'arbalestes, de dars, de lances,
> Et de targes [4] d'unes semblances.

Encore, suivant Brantôme, « le maistre artiller est celuy qui se mesle de faire traits, arbalestres et flèches, que j'ai veu élabourées par eux très gentiment [5] ».

Aussi, quand au quatorzième siècle on

[1] Brachet, *Étymol.*
[2] *Chr.* 224.
[3] Flèches de près de deux mètres lancées au moyen des arbalètes.
[4] Petits boucliers.
[5] *Panth. litt.*, I, 578. — *Cur. mil.*, *loc. cit.*

voulut établir une distinction entre les deux genres, qualifia-t-on d'artillerie *à poudre* les armes nouvelles, par opposition à l'ancienne artillerie, dite *de main.*

Les premiers tubes meurtriers, ou *canons de bois* cerclés de fer (qui ont remplacé le feu grégeois et les fusées incendiaires dont nous parlerons bientôt), étaient placés sur des charrettes, et au moment de l'action on les établissait sur des chevalets, fichés en terre. Les trois canons de Crécy, et ceux dont, selon Froissart, les Anglais se servirent au siège de Saint-Malo en 1378, étaient de cette sorte.

Des hommes tels qu'Albert le Grand, mort en 1280, et Roger Bacon[1], décédé en 1294, ne semblent pas s'être bien rendu compte de la puissance de destruction de la poudre, tandis que les sultans du Maroc l'utilisaient dans leurs armes depuis des années.

Une certaine quantité de salpêtre et de matières combustibles ayant été laissée dans nn mortier recouvert d'une pierre, et une étincelle ayant pénétré dans ce récipient, la

---

[1] Si Bacon parle de la poudre, c'est seulement comme d'un pétard curieux : « Par suite de la force de ce sel qui est appelé salpêtre, il se produit un bruit si horrible qu'il dépasse le rugissement du tonnerre. » (*Opus majus*, in-fol., 474.)

pierre fut violemment projetée en l'air : de là le nom de « mortiers » donné aux bouches à feu primitives [1].

Il existe à la Bibliothèque nationale un manuscrit arabe, dont l'auteur, Nedjm-Éddin-Hassan-Abrammah, mort en 1295, donne, comme la tenant depuis longtemps de son père, la formule de fabrication de la poudre.

En effet, suivant la route que lui traçaient les conquêtes des Arabes, le nouvel explosif paraît avoir été utilisé en Espagne dès le siège de Niébla en 1257, où, d'après un historien, les assiégés lancèrent avec des machines, dans le camp des chrétiens, des pierres *et des traits de tonnerre avec feu* [2], périphrase qui, à n'en pas douter, décrit les canons d'alors.

Le texte d'une *Provvisione* de la république de Florence, en date du 11 février 1325, « accorde aux prieurs et *aux douze bons-hommes* [3], la faculté de nommer deux officiers, chargés de la fabrication des boulets de fer et des canons de métal [4] ».

---

[1] P. de Courton.

[2] *Y tiras de trueno con fuego.*

[3] On appelait *bons-hommes* certains religieux florentins. Un ordre de ce nom avait aussi été établi en Angleterre vers 1259 par le prince Edmond.

[4] *Canones de metallo.* — Bibliot. de l'Ecole des Chartes, IIe série, I, 28. Mémoire de M. Lacabane.

Une étude de M. Lacabane relate un acte du 2 juillet 1338, relatif à la fabrication de la poudre à Rouen : « Sachent tous, que je, Guillaume du Moulin de Bouloigne, ai eu et receu de Thomas Fouques, garde des galées du Roy nostre sire, à Rouen, un pot de fer à feu, une livre de salpêtre et demi-livre de soufre vif, *pour fare poudre...*, desquelles chosses je me tien à bien paié, et les promets à rendre au Roy ou à son commandement, toutefois que mestier sera. »

A cette époque déjà le canon figure partout dans les entreprises militaires, notamment aux sièges de Cambrai en septembre 1339, du Quesnoy en 1340, du château de Riboult en Artois (1342), etc...

L'Écosse, dit Froissart, connut l'artillerie à feu au siège de Sterling en 1341 ; et, d'après Spelmann, les Anglais alignèrent des canons à la bataille de Crécy, en 1346. Le récit de Villani[1] confirme le fait : « Le roi d'Angleterre mit en ordre ses archers... Les bombardes jetaient des boules de fer avec du feu, pour effrayer et disperser les chevaux des Français. Les coups de ces bombardes faisaient un si grand tremblement et fracas qu'il

---

[1] Mort en 1348.

semblait que le ciel tonnàt, et occasionnaient une grande occision de gens et carnage de chevaux [1]. »

D'abord des *bâtons à feu, cannes* ou *cannons* (de *canna*, tuyau), lancent des flèches à base carrée, appelées *carreaux* ou *quarreaux*, On met le feu avec un fer rougi qui enflamme une traînée de poudre aboutissant à la lumière, traînée assez longue pour que l'on ait le temps de se mettre à l'abri avant l'explosion. Des vignettes nous montrent l'artilleur faisant rougir, sur un réchaud près de la pièce, le morceau de fer qui doit provoquer la déflagration de la poudre.

Primitivement la culasse même était de bois (*lignea*), comme on le voit dans Pétrarque[2] et d'autres auteurs.

Pendant longtemps, l'artillerie que l'on traînait en campagne consista principalement en ribaudeaux ou ribaudequins, appelés plus tard orgues. « Iceux ribaudequins, dit Froissart, sont trois ou quatre petits canons rangés de front sur hautes charrettes, en manière de brouettes devant, sur deux ou quatre roues bandées de fer, à longues piques de fer devant en la pointe. »

[1] Muratori, XIII, 947.
[2] *De remediis*, I, 99.

Les ordonnances royales distinguèrent bientôt le « baston à feu » d'avec la *bombarde*.

C'est en 1354, en exécution de la première ordonnance relative au service de l'artillerie, que l'on commença à construire des pièces de *gros calibre* en France : il y en avait de dimensions énormes, surtout pour les cas de siège.

Au témoignage de Froissart, les Gantois, au siège d'Oudenarde en 1382, « pour plus ébahir ceux de la garnison, firent faire et ouvrer une bombarde merveilleusement grande, laquelle avait cinquante-trois pouces de bec, et jetoit carreaux merveilleusement grands, et gros pesants : et quand cette bombarde descliquoit, on l'oïoit par jour bien de cinq lieues loin, et par nuit de dix; et menoit si grand'noise au descliquer, que il sembloit que tous les diables d'enfer fussent au chemin. »

Dès la première moitié du quinzième siècle, l'artillerie française réalisa des progrès remarquables.

Le caractère des bouches à feu de cette époque est d'assurer à la défense une grande supériorité sur l'attaque, car les gros calibres, difficiles à déplacer, sont plus que jamais en faveur.

On voit des bombardes lançant des pierres de 600 à 1.500 livres et jusqu'à 1.800 livres.

En 1429 au siège d'Orléans, maître Jehan Lorrain avait tiré bon parti des couleuvrines pour l'attaque, sous l'impulsion de Jeanne d'Arc qui émerveillait le duc d'Alençon, « estonné que si sagement elle se comportât au fait de guerre, et surtout en l'ordonnance de l'artillerie ».

Lorsqu'ils firent le siège de Constantinople, les Turcs employèrent un canon gigantesque que l'on mettait deux heures à charger.

Au mois de janvier 1453, Mahomet II se rendit à Andrinople, pour éprouver ce canon. « Le fondeur le fit traîner devant la grande porte du palais que Mahomet avait fait bâtir, et le chargea d'un énorme boulet de pierre. On fit alors publier que le jour suivant on y mettrait le feu, de peur que faute d'être sur leurs gardes, quelques-uns n'en perdissent la parole ou que les femmes ne mourussent de frayeur... Le feu ayant été mis à la poudre, la pierre sortit avec un bruit effroyable, au milieu d'une fumée noire et épaisse. Le son alla jusques à cent stades, et la pierre jusques à un mille. A l'endroit où elle tomba elle fit un trou profond d'une toise. »

Mahomet II, satisfait de cette épreuve,

ordonna de transporter ce canon à Constantinople. On attela, à cet effet, soixante bœufs pour le charrier...

Péniblement arrivé à destination, le canon monstre fit plus de bruit que de bon ouvrage : lors de l'attaque il éclata bientôt, en couchant à terre quantité de victimes autour de lui.

C'est vers 1477 que se place l'apparition du plus ancien traité d'artillerie qui nous soit parvenu.

Le livre manuscrit, ou *Secret de l'art de l'artillerye et canonnerye*, énumère les « Conditions mœurs et sciences que doibt avoir ung chacun, au dit art de canonnerye :

— Premièrement, doibt honorer et aymer Dieu, et l'avoir toujours devant les yeux, et crainte de l'offenser plus que autres gens de guerre, car jà toujours est-il en danger d'ètre bruslé de la poudre. — Item, sçavoir lire et escripre, car en sa mémoire ne pourroist pas retenir toutes les matières, confections et aultres choses appartenant au dict art... »

La suprématie décisive de l'artillerie française en Europe date de 1494, année de l'expédition de Charles VIII en Italie. Huit mille chevaux, menés par quatre mille charretiers et trainant deux cents canons de bronze franchirent les monts, pendant que cent quarante grosses pièces embarquées à Marseille étaient transportées par mer à la Spezzia.

Quant à l'histoire de l'artillerie et de la balistique modernes, elle est beaucoup trop spéciale pour que nous songions à la décrire ici.

Consacrons quelques lignes à l'examen de plusieurs curiosités, relatives aux procédés inventés par les peuples anciens, pour s'entre-détruire plus sûrement.

L'emploi des *éléphants* [1] à la guerre remonte à une haute antiquité chez les peuples de l'Orient, les Indiens en particulier. Mais ce fut seulement lors de l'expédition d'A-lexandre, qu'une armée européenne eut à les combattre. Le prince macédonien ayant franchi l'Hydaspe (327 av. J.-C.) trouva sur la rive opposée Porus à la tête d'une armée où l'on comptait deux cents éléphants qui couvraient le corps de bataille et s'appuyaient sur trois cents chars de guerre, répartis en avant et autour des ailes de l'armée. Les éléphants dispersèrent d'abord les troupes légères qui précédaient la phalange.

« Ce qui étonnait le plus les Macédoniens,

[1] *Cur. mil.*, *loc. cit.*, 73.

dit Quinte-Curce, c'était de voir ces animaux enlever avec leur trompe les hommes tout armés, et les livrer par-dessus leur tête à leurs conducteurs. Cela rendit les Macédoniens plus circonspects; et comme tantôt ils attaquaient ces terribles adversaires et tantôt s'enfuyaient, le combat fut douteux une grande partie du jour, et n'était pas près de finir, s'ils ne leur eussent coupé les jambes avec des haches. Ils avaient aussi de fortes épées qu'ils appelaient copides, recourbées en forme de faux, avec lesquelles ils tranchaient les trompes de ces bêtes, qu'ils craignaient plus que la mort, n'oubliant rien pour se garantir de leur fureur. »

Afin de donner à ces puissants pachydermes un aspect plus effrayant, dit le colonel Armandi, dans son *Histoire militaire des éléphants,* on les parait d'une manière bizarre, on leur mettait des housses de drap rouge, couleur que l'on croyait propre à exciter leur ardeur. Quelquefois on y ajoutait des draperies d'or et d'argent ; ainsi étaient ornés ceux d'Antiochus à la bataille de Magnésie. On eur peignait le front et les oreilles en blanc, en bleu, ou en rouge, car on avait remarqué que, lorsqu'ils entrent en fureur, ils dressent leurs larges oreilles et les étale   d'une manière effrayante, et l'on voulait, en recouvrant ces parties de couleurs éclatantes, les rendre plus apparentes encore. Enfin, on leur attachait de grands panaches, des banderoles et des grelots retentissants. Ces animaux aiment en effet à être parés, et quand on les charge d'oripeaux, ils se montrent fiers et courageux.

On voit dans la *Tactique* d'Arrien [1], que, pour rendre plus meurtrier l'effet des défenses des éléphants, on y adaptait des pointes d'acier, et que, pour garantir ces bêtes contre les coups de l'ennemi, on les revêtait de plaques de fer.

Il paraît aussi qu'on fixait à leur poitrail des pieux ferrés ou de fortes piques, qui leur servaient à ouvrir les lignes ennemies, « comme la proue fend l'eau de la mer ».

« Les jours de bataille, on donnait aux éléphants des *boissons enivrantes* et des infusions propres à les stimuler : c'était, en Europe, du vin aromatisé ou mêlé avec de l'encens; en Orient, une liqueur fermentée tirée du riz et de la canne à sucre, et où l'on faisait macérer de la myrrhe; à Ceylan, on se servait d'opium. Quinte-Curce fait probable-

____

[1] Historien grec du deuxième siècle.

ment allusion à l'état d'ivresse des éléphants de Porus, lorsqu'il dit qu'ils avaient été rendus furieux à dessein. Il résulte également de l'histoire des Macchabées, que déjà les Syriens et les Égyptiens usaient de préparations pour exciter ces animaux au combat. »

A l'époque de la guerre de Troie, la *cavalerie* était presque inconnue des Grecs et des peuples de l'Asie Mineure.

Dans Homère il n'est question que de chars montés ordinairement par des guerriers dont l'un tenait les rênes, les autres mettant pied à terre pour combattre corps à corps.

Du temps d'Alexandre, les *chariots de guerre* étaient en grande faveur dans l'Inde, au dire de Quinte-Curce.

Les Carthaginois s'en servaient d'ordinaire dans leurs expéditions : lorsque Agathocle porta la guerre en Afrique, l'armée qu'ils lui opposèrent comptait 2.000 chars armés.

Quant aux Romains, dit Végèce [1], ils se défendaient de la manière suivante contre les chariots garnis de faux : au moment du combat, ils semaient sur le champ de bataille des chausse-trapes aux pointes acérées, sur lesquelles les chevaux des chariots venant à

____

[1] Écrivain latin, auteur d'un traité de l'art militaire (quatrième siècle).

toute bride ne pouvaient manquer de s'estropier [1]...

Par la correspondance de Voltaire, on sait qu'il essaya de faire adopter un chariot de guerre de son invention.

Le 18 juin 1754 il écrivit au duc de Richelieu la lettre suivante : « Donnez-vous le plaisir, je vous en prie, de vous faire rendre compte par Florian de la machine dont je lui ai confié le dessin. Il l'a exécutée : il est convaincu qu'avec six cents hommes et six cents chevaux on détruirait en plaine une armée de dix mille hommes. Je lui dis mon secret au voyage qui fit aux Délices, l'année passée. Il en parla à M. d'Argenson, qui fit sur-le-champ exécuter le modèle. Si cette invention est utile, comme je le crois, à qui peut-on mieux la confier qu'à vous? Il nous faut un homme de génie, et le voilà tout trouvé! Je sais très bien que ce n'est pas à moi de me mêler de *la manière la plus commode de tuer les hommes*. Je me confesse ridicule; mais enfin si un moine, avec du charbon, du soufre et du salpêtre, a changé l'art de la guerre dans tout ce vilain globe, pourquoi un bar-

---

[1] La chausse-trape, composée de quatre pointes, en présentait toujours une, de quelque façon qu'elle tombât.

bouilleur de papier comme moi ne pourrait-il pas rendre quelque petit service incognito? Je m'imagine que Florian vous a déjà communiqué cette nouvelle *cuisine*. J'en ai parlé à un excellent officier qui se meurt, et qui ne sera pas par conséquent à portée d'en faire usage. Il ne doute pas du succès; il dit qu'il n'y a que cinquante canons, tirés bien juste, qui puissent empêcher l'effet de *ma petite drôlerie*. Essayez, pour voir, seulement deux de ces machines contre un bataillon ou un escadron. J'engage ma vie qu'ils ne tiendront pas. »

Bien que Voltaire garantît « sur sa vie » le succès de sa machine de mort, il redoutait néanmoins que les hommes compétents ne la jugeassent tout différemment; aussi écrivit-il le 18 juillet suivant à Mme Fontaine : « Jamais aucun général n'osera s'en servir, de peur du ridicule en cas de mauvais succès. Il faudrait un homme absolu qui ne craignît point le ridicule, qui fût un peu machiniste, et qui aimât l'histoire ancienne. »

Le philosophe ne renonça pas sans un vif regret à trouver un chef d'armée disposé à utiliser « sa petite drôlerie ».

Suivant les auteurs byzantins, c'est en 673, sous Constantin IV, lors du siège de Constantinople par les Arabes, que Callinicus, architecte d'Héliopolis, porta aux Grecs le *feu grégeois*. « Grâce à cette invention, ajoutent les mêmes historiens, la flotte arabe fut incendiée et détruite à Cyzique. »

Tel est le récit succinct de l'origine et du premier emploi de ce feu.

Cette découverte, qu'au lieu d'appeler simplement *feu grec*, nous appelons encore aujourd'hui, comme Joinville, « feu grégeois [1] », a reçu des écrivains byzantins différents noms dont voici les principaux : feu maritime (à cause de son emploi sur la mer); feu liquide (dénomination la plus employée); feu mède, ou d'artifice, feu énergique, etc.

Les empereurs grecs comprirent vite toute l'importance de ce produit, et sa préparation fut solennellement mise au rang des *secrets d'État* par Constantin Porphyrogénète.

Ce prince, dans son « Traité de l'administration de l'empire », voua à la malédiction du ciel et des hommes quiconque oserait la communiquer aux étrangers. Ses successeurs se soumirent fidèlement à ses injonctions. Le secret fut scrupuleusement gardé, même lorsque les rois de l'Occident obtinrent des

---

[1] *Mém. sur le feu grégeois*, Corréard.

empereurs le concours des navires grecs munis dudit feu.

Voilà pourquoi la question de sa composition exacte reste toujours un problème : cependant en se rappelant que le mot *feu liquide* était l'appellation usuelle, on s'est demandé s'il ne s'agissait point simplement d'une sorte de pétrole, car le feu grégeois passait pour brûler même sur l'eau. Il était lancé « au moyen de tubes d'airain, et, au milieu de la fumée, embrasait les vaisseaux ». L'emploi de ce feu était facile, puisqu'un seul homme y suffisait.

Ordinairement il n'y avait qu'*un seul tube* à bord de chaque navire ; mais dans la suite on en établit plusieurs, ainsi que le montre la relation suivante d'une bataille navale livrée par Alexis Comnène aux Pisans. « L'empereur, dit Anne Comnène, sachant combien les ennemis étaient habiles dans les combats sur mer, plaça sur la proue de chaque navire des têtes d'animaux sauvages avec la gueule béante, et les fit dorer, afin de rendre leur aspect encore plus terrible ; il ordonna ensuite de préparer le feu qui, au moyen de ressorts, devait être lancé à travers lesdites gueules, afin qu'il parût vomi par les lions et autres animaux. Ce stratagème réussit, car les barbares furent épouvantés. »

Une opinion assez répandue est que l'*ignis volatilis*, ou *feu fusé*, n'était pas précisément un liquide, mais un composé de salpêtre, de soufre et de résine, disposés d'abord en « fusée volante », mode originaire d'emploi de la poudre, tant que l'on ne connut pas les bouches à feu, qui permettent de diriger le tir par le pointage et d'envoyer des projectiles meurtriers.

De son côté Nicétas[1] écrit les lignes suivantes, au sujet de ce que l'empereur Léon appelle des « *pots à feu d'artifice* », sorte de bombes, évidemment différentes des simples fusées incendiaires. « On lança, dit-il, sur les maisons des malheureux habitants du bord de la mer, un *feu liquide*, qui, dormant dans des pots fermés, éclatait subitement en éclairs et embrasait les objets qu'il atteignait. »

Jusqu'à l'époque des croisades, les Grecs paraissent avoir été seuls en possession de ce mode de destruction.

Joinville, qui connaissait les ravages causés par le feu grégeois, et la terreur qu'il inspirait aux chrétiens, le décrit ainsi :

[1] Nicétas Acominatus, mort en 1216, auteur des *Annales*.

« Cette manière de feu étoit tele, que il venoit bien devant, aussi gros comme un tonnel de verjus, et la queue du feu qui partoit de li, estoit bien aussi grant comme un grant glaive. Il fesoit tele noise au venir, que il sembloit que ce feust la foudre du ciel ; il sembloit un dragon qui volait par l'air, tant getoit grant clarté que l'on veoit, comme se il feust un jour. Trois fois nous getèrent le feu grégois, celi soir. »

A partir du seizième siècle, il n'est plus fait mention du feu grec.

L'ancienne coutume des *talismans de bataille,* pour s'assurer la victoire ou pour se préserver des périls, était fort répandue au moyen âge.

Après avoir fait usage pour les duels judiciaires de « paroles enchantées ayant grande vertu contre le fer et contre le feu », selon l'expression de Brantôme, les combattants trouvèrent naturel d'y recourir dans les cas de guerre. Aussi bien dans la mêlée que devant un seul ennemi, fait remarquer M. E. Le Blant [2], « l'homme mettait son espérance en des forces inconnues, maîtresses du succès. »

____

[1] *Acad. des Insc. et B. Lettres*, XXXIV, 2ᵉ p.

Au septième siècle, un édit de Rotharis condamna l'emploi des charmes et talismans dans les combats singuliers, et cette défense fut renouvelée en 1306 par l'ordonnance de Philippe le Bel.

Ce que pouvaient être ces talismans, nous le savons par plus d'un témoignage. Il en était de très blâmables au point de vue religieux, car ils rentraient dans la catégorie des formules magiques : « Plusieurs, lisons-nous dans un vieux livre, revêtent, pour aller en guerre, une chemise bigarrée d'horribles figures que l'on appelle « chemise d'enfer »; et ceux qui la portent sous leurs vêtements croient se rendre invulnérables. »

D'anciens traités, plus ou moins cabalistiques, énumèrent quelques-unes de ces recettes.

Les formules sont, pour la plupart, composées de paroles étranges ou même dépourvues de sens, en apparence du moins.

Toutefois divers talismans étaient faits de prières respectables ou de versets de livres saints, tenus pour efficaces contre les dangers de tout genre. Ainsi en était-il d'un passage où saint Luc raconte comment le Seigneur échappa aux Juifs qui voulaient le précipiter du haut d'une montagne : « *Jesus autem transiens, per medium eorum ibat.* »

Celui qui prononçait ces mots dans le péril ou les portait écrits sur soi devait, croyait-on, être sauvegardé comme l'avait été le Christ lui-même au milieu de ses ennemis.

L'*Enchiridion Leonis*[1] est un recueil contenant un grand nombre de textes « *pour conjurer toutes sortes d'armes* ». On en indique : contre les épées, les couteaux, les haches de guerre, les lances; contre les flèches, les balles de fronde et les catapultes.

Plus tard le peuple fut persuadé qu'on évitait même les boulets de canon en disant : « *Conjuro te lapidem! per beatum Stephanum primum martyrem quem maledicti Judæi lapidaverunt, ut non possis lædere me, famulum Dei N...!* »

Pourquoi invoquer les *pierres* de la lapidation de saint Étienne, en vue d'éviter les projectiles?...

Simplement parce que les premiers boulets étaient faits non de métal, mais de pierre dure.

Les mots « *Deus homo factus est* », que l'on retrouve inscrits sur des morceaux de parchemin du temps, avaient aussi, dans la

[1] Recueil qu'on a voulu attribuer au pape Léon III. (Bibliothèque de l'Arsenal, n° 1336.) — Il est avéré que Jeanne d'Arc se refusa à laisser *charmer sa blessure*.

pensée populaire, la même vertu que le ver-
set si souvent répété : « *Jesus autem transiens...* »

Pour appeler sur les combattants le secours
d'En-Haut, l'Église, elle, avait les prières de
la liturgie officielle, et la bénédiction des
armes était un acte de piété habituelle. Elle
demandait au Seigneur « que le casque de
sa toute-puissance (*galea tuæ virtutis*) proté-
geât la tête du guerrier dont le prêtre bénis-
sait l'épée loyale ».

Les saints devaient aussi le couvrir de leur
patronage.

On racontait, au temps de Grégoire de
Tours, qu'un ossement du pouce de saint
Serge avait rendu pour toujours invincible
le prince qui s'en était nanti.

Par deux fois la *Chanson de Roland* parle
de reliques encastrées dans le pommeau des
glaives. Celui de « Durandal belle et sainte »
contenait une *dent* de saint Pierre, du *sang*
de saint Basile, des *cheveux* de saint Denys,
et un fragment du *vêtement* de la Vierge.

Dans le pommeau de Joyeuse que portait
Charlemagne, était scellé un débris de la
lance dont fut percé le côté du Christ [1].

---

[1] *Chans. de Roland*, vers 2344 et suiv.; 2503 et
suiv.

Mais, en outre des reliques, le peuple assurait que certains mots (cabalistiques, ceux-là !), gravés sur le fer du glaive, suffisaient à empêcher d'être blessé d'aucune arme, et « rendaient dur », suivant l'expression familière aux soldats du temps.

Dans son *Traité des superstitions* [1], l'abbé J.-B. Thiers rappelle, en ces termes, cette croyance : « Pour empêcher les armes à feu de blesser, avoir sur soi un parchemin portant ces mots : Ibel + Labes + Chabel + Habel + Rabel. »

M. E. Le Blant cite comme formule énigmatique, pour rendre les *épées enchantées*, les inscriptions suivantes trouvées sur deux anciens glaives :

KNDXOXGHWDNCHORHD†
†NRADNRADNRADNRADNR†

Il paraît que l'abstinence, observée à certains jours, passait pour rendre invulnérable dans les combats.

Jean Germain, évêque de Nevers, mort en 1460, parle de gens « qui jeûnent et ne manguent char le marcredi ou aultre jour, affirmans que, en ce abstenans, ilz ne seront *ja-mais bleciez en bataille.* »

Passons sommairement en revue les sentiments qui signalent et caractérisent le génie belliqueux, propre aux divers peuples.

Les lois de Moïse sur la guerre méritent au plus haut degré l'attention.

Avant d'entrer en campagne, chaque officier devait se placer à la tête des troupes et demander à haute voix : « S'il y avait quelqu'un dans les rangs qui eût bâti une maison neuve, — ou planté une vigne encore trop jeune pour porter des fruits; — s'il y avait quelqu'un qui eût été fiancé ou formât des projets d'union; — enfin s'il se trouvait un homme qui fût timide, et susceptible de manquer de courage, pendant le combat [1]? »

Et tous ceux qui appartenaient à ces catégories pouvaient se retirer.

Il y a, dans pareille interpellation, une philosophie supérieure, une analyse profonde et une admirable appréciation du cœur humain, pétri tout ensemble d'égoïsme et de générosité, de virilité et de faiblesse.

Oui! celui qui a rêvé une maison sienne et

---

[1] *Deutéronome*, chap. xx.

qui voit arriver le cher moment d'inaugurer la vie souhaitée...; celui qui attend anxieusement les fruits de sa vigne paresseuse, fruits espérés qui seront la récompense de son labeur persévérant...; celui qui est fiancé et dont le cœur forme le vœu de passer de longs jours près de l'épouse choisie...; celui enfin qui a l'âme pusillanime...; tous ceux-là, en un mot, qu'une préoccupation *personnelle* absorbe et pousse à des calculs intéressés, n'ont pas l'aptitude ni l'abnégation voulues pour devenir ces audacieux, ces vaillants, ces intrépides, qui font les phalanges invincibles, les armées victorieuses.

Ils sont réputés incapables d'absolu dévouement, et indignes du grand œuvre de la guerre. Sortez donc du rang, retirez-vous! Allez vous abriter dans votre demeure; quittez le fer de la lance pour le cep de la vigne! gardez votre cœur pour l'épousée puisque vous ne pouvez pas le donner entier à la Patrie! fuyez au loin, natures timorées dont la mollesse serait contagieuse et l'exemple pernicieux pour tous! conservez votre vie pour vous-mêmes : le Dieu des armées n'accepte que l'holocauste volontaire des braves et le sacrifice spontané des âmes d'élite. Oui, partez! vous n'êtes pas dignes de mourir pour lui...

Telle nous semble être la vraie paraphrase du beau texte que nous venons de citer.

Quand on voit quantité d'hommes qui accompagnaient certains conquérants anciens ; quand on songe surtout à ce que devaient être alors les communications, la difficulté des transports, et la rareté des champs cultivés que l'ennemi dévastait encore en se retirant, on se demande comment de nombreuses troupes pouvaient trouver de quoi se nourrir sur le sol ainsi ravagé.

Une des armées de Sésostris comptait 600.000 fantassins et 27.000 chars ; et c'est avec elle qu'il parcourut une partie de l'Asie.

Les guerriers, en Égypte, formaient une caste privilégiée comme celle des prêtres, si bien que les familles sacerdotales s'unissaient sans déroger aux familles militaires. Une fois la guerre terminée, on licenciait tous les soldats.

Bien que l'ancienne Égypte fût gouvernée « par le bâton », les châtiments corporels n'étaient point appliqués aux hommes d'armes : la sanction des fautes commises consistait en réprimandes, ce qui dénonce des idées d'honneur, aussi bien qu'une sérieuse organisation militaire.

Les Perses semblent aussi avoir réuni de très importantes milices.

Le roi Xerxès partit pour la Grèce à la tête d'un million d'hommes, et dans une seule bataille, à Platée, il engagea de son côté 350.000 hommes, contre ses adversaires coalisés.

Les Grecs, eux, ne mirent en présence que de petits corps de troupes : ainsi à Leuctres, leur plus grande bataille peut-être, ce n'est que 40.000 hommes au total qui, dans les deux camps, engagent l'action.

Mais comme la Grèce était un petit pays entouré d'ennemis redoutables, le service militaire y fut d'une durée exceptionnelle : le Grec était soldat de *dix-huit à soixante ans*.

Bien qu'en principe les armées fussent temporaires, il y avait des officiers permanents, appelés polémarques, qui maintenaient les traditions et surveillaient les manœuvres des hommes que l'on exerçait en temps de paix.

Les citoyens riches formaient la cavalerie : d'ordinaire ils étaient accompagnés de sept Ilotes comme auxiliaires ou servants.

On estimait les *danseurs* indignes de porter les armes.

L'infanterie grecque comprenait deux éléments : les *hoplites*, ou hommes pesamment armés, et les *psylites*[1], soldats destinés à combattre de loin avec des javelots et des frondes.

La *phalange* macédonienne était une masse de combattants, variant de 6.000 à 16.000 hommes, serrés les uns contre les autres sur seize files de profondeur et couverts de solides armures. Chaque phalangiste portait une pique, longue de 7 mètres ; les cinq premiers rangs la tenaient à deux mains, tournée vers l'ennemi, de telle sorte que les piques du premier rang s'avançaient de 5 mètres en avant du front de bataille, celles du second rang de 4, et ainsi de suite jusqu'à celles du cinquième rang qui dépassaient encore d'un mètre la première file de soldats.

Vue de face, la phalange était, dit Plutarque, « une sorte de monstre indomptable, hérissé de pointes de fer ».

Les autres rangs poussaient ceux qui étaient devant eux et leur ôtaient tout moyen de reculer ; ils remplaçaient sur-le-champ les morts et les blessés des premières files : ainsi le nombre des combattants avait beau diminuer, le front restait toujours le même, et l'action

[1] Gens de trait

du combat ne se ralentissait point. Sur un terrain libre et plat, quand la phalange pouvait se maintenir en ordre, elle était sûre de renverser l'ennemi.

On ne saurait croire à quel point l'organisation militaire de la République romaine rappelle ce que nous voyons de nos jours.

Les Romains pratiquaient le *service obligatoire* : de dix-sept à quarante-cinq ans, tout citoyen valide était astreint à porter les armes.

Les esclaves pour la plupart et, sous l'empire, les Juifs étaient exclus des armées.

Par exception, on pouvait éviter de servir, en payant un impôt appelé *aurum tironicum*, qui servait à *acheter des remplaçants*. Quant aux fils de vétérans, ils ne pouvaient se faire dispenser ; ils devenaient, de par l'hérédité, des *conscrits* ou *tirones*, que les chefs inscrivaient d'office sur des registres (*matriculæ*).

Ceux qui faisaient plus que leur temps de service, les rengagés, étaient désignés sous le terme générique d'*evocati*.

C'est le Sénat romain qui décidait à quel chiffre devait être porté l'effectif de l'armée, quand il y avait lieu de la former.

En cas de péril imminent, on recourait à la levée en masse ou *conjuratio*, ainsi dite parce qu'en pareille occurrence les soldats prêtaient serment, non d'une façon individuelle, mais collective.

Lorsqu'il s'agissait de levées régulières (*legitima dilectio*), un édit des Consuls faisait *l'appel des classes*, en convoquant les *juniores* à venir *tirer au sort* jusqu'à concurrence du chiffre fixé par le Sénat[1].

Ceux qui avaient l'honneur d'être « choisis[2] par les dieux » pour servir la patrie prêtaient chacun serment[3] devant le Consul, seul juge des *cas de réformes* ou d'exemption.

Le jeune Romain susceptible de servir sous les drapeaux ne répondait-il pas à la *convocation*? Il tombait en esclavage[4].

La *discipline* était assurée par une série de peines rigoureuses : la *réprimande*[5], qui imposait au soldat en faute l'orge au lieu de blé, comme nourriture, — les corvées pénibles, — la *flagellation*[6] (quand chaque homme de la légion portait son coup, le coupable pouvait en mourir), — la *dégradation*[7] devant le front

---

[1] Juniores sorte... — Les *hommes de la réserve* étaient dits *seniores*.
[2] Dilecti.
[3] Sacramentum.
[4] Qui non respondebant, in servitutem...
[5] Castigatio.
[6] Fustuarium
[7] Ignominiosa missio.

des troupes : le général faisait venir devant les légions en armes le soldat indigne, on lui arrachait ses vêtements militaires, et le chef, l'interpellant, lui disait à haute voix : « *Va-t'en! je n'ai plus besoin de tes services*[1]. » Enfin l'indiscipliné et le traître étaient mis à mort.

Les *récompenses* consistaient en félicitations, médailles, aigrettes, et couronnes.

La couronne de chêne était la suprême distinction; elle portait pour inscription ces mots : « *pour avoir sauvé un citoyen*[2]. » Le père d'un si bon soldat avait droit aux mêmes honneurs que son fils, dit Pline l'Ancien.

De notre temps, plus d'un fils de famille s'ingénie à se dispenser du devoir patriotique.

Or, à Rome, les plus riches étaient appelés avant les autres. Ainsi, d'après Denys d'Halicarnasse, ceux qui étaient inscrits pour un cens de 100.000 as faisaient partie du premier appel; ceux inscrits pour 75.000 venaient dans la seconde classe, et ainsi de suite; et c'est seulement en cas de nécessité absolue que les pauvres (les *proletarii*) prenaient les armes à la solde du Trésor public, tout patri-

---

[1] ... Tuâ operâ non utor.
[2] *Ob civem servatum...*

cien étant tenu au contraire de s'équiper et de se nourrir à ses frais.

De *dix-sept à quarante-cinq ans* le Romain valide était tenu de servir la patrie.

Organisée comme elle l'était, la *légion romaine*, exclusivement composée d'hommes jouissant du droit de cité, possédait une force offensive qui cadre à merveille avec l'ambition du peuple dont elle émanait[1].

Au lieu d'être rangée en masse profonde comme la phalange, elle se divisait en trois lignes séparées par des intervalles, et disposées les unes derrière les autres en échiquier, dans cet échiquier, les vides étaient égaux aux « pleins, » en sorte qu'en portant la seconde ligne à la hauteur de la première on obtenait, quand besoin était, une formation pleine. Ces trois lignes comprenaient : les hastaires en avant, les « princes » au milieu, et les triaires en arrière.

En dehors des soldats de rang, il y avait, comme chez les Grecs, des hommes légèrement armés, dits vélites, qui commençaient le combat en tirailleurs, avec des javelots; les vélites étaient en même nombre que les hastaires, c'est-à-dire 1.200.

[1] M. de la Barre-Duparc.

Cela faisait alors 4.200 fantassins par légion ; plus tard on en compta jusqu'à 6.000.

Dans la guerre des Gaules, César n'eut jamais plus de 90.000 soldats sous ses ordres, et, presque toujours, six légions seulement [1].

On a remarqué avec raison la corrélation existant entre le mot « hostie », victime, et *hostis*, ennemi : c'est qu'en effet presque toujours le vaincu était une victime désignée à la vengeance farouche du vainqueur, à moins toutefois qu'il ne fût « rendu sacré » par une blessure, comme nous le verrons bientôt.

Ce n'est qu'à une date relativement récente, que la civilisation et l'humanité suggérèrent de conserver respectivement les *prisonniers*, pour un échange ultérieur entre les belligérants. Mais combien étaient vrais jadis ces mots, que les chefs répétaient au moment même de l'action et qu'on lisait aussi écrits sur les étendards : Vaincre ou mourir! C'était moins une vaine formule, une parole pompeuse, que le rappel d'une vérité menaçante.

Encore à l'époque de Corneille, le mot

[1] Soit 36.000 hommes environ.

« hostie » était couramment employé pour désigner une victime en général [1].

La poltronnerie est une faute jugée impardonnable, surtout chez les peuples belliqueux.

Tacite nous a appris que les Germains pendaient les traîtres et noyaient les poltrons.

On peut citer également des conciles décrétant des pénalités contre les lâches, qui se dispensaient de suivre le roi dans des expéditions militaires [2].

A ce propos, rappelons ici l'ingénieuse étymologie que plusieurs donnent du mot poltron.

Ce mot viendrait de la racine *pol* (abréviation de *pollex* pouce), et *truncatus* coupé. Le *pollice truncus* ou *truncatus* serait donc celui qui s'est coupé le pouce pour n'être point soldat [3]. Il est certain en effet que, notam-

---

[1] De tous les combattants a-t-il fait des *hosties* ?
(*Horace*, III, 2.)
Père barbare, achève, achève ton ouvrage !
Cette seconde *hostie* est digne de ta rage.
(*Polyeucte*, V, 5.)

[2] *Si se substraxerit.* Coll. des Conc., t. IX, Labbe.

[3] D'après M. Littré, *poltron* viendrait du mot allemand *Polster* qui veut dire « coussin ». Le poltron serait donc un homme paresseux et qui recherche une existence capitonnée (!).

Ménage et Génin, eux, faisaient dériver poltron de l'ancien français *poutre*, jeune jument, poulain (?)... Nous préférons encore l'étymologie latine qui, fût-elle contestable, a du moins l'avantage de correspondre à la signification du mot poltron.

ment pour les archers, l'emploi du pouce était absolument nécessaire.

De nos jours n'avons-nous pas vu les tribunaux condamner plusieurs jeunes conscrits, qui avaient eu le triste courage de se faire sauter le pouce dans l'espoir de se voir réformer [1]?

La principale force des armées gauloises, suivant Pausanias [2], provenait de leurs troupes montées : chaque cavalier était accompagné de deux serviteurs, à cheval comme lui.

Au cou de leurs chevaux, les Gaulois suspendaient les têtes des vaincus, ou les attachaient aux portes des maisons, comme, plus tard, les seigneurs clouèrent celles des bêtes féroces à l'entrée de leurs manoirs.

Ils oignaient d'huile de cèdre les têtes des grands capitaines trépassés, et les conservaient soigneusement dans des caisses spéciales; la loi des Saliens a même pris la précaution de défendre qu'on enlevât ces trophées glorieux.

---

[1] Citons notamment la condamnation de Germain Matignon, traduit devant le tribunal de Jonzac, et, sur appel, condamné par la Cour à trois mois de prison, *pour s'être fait sauter le pouce, à l'extrémité du canon d'un fusil.*

[2] Géographe et historien grec du deuxième siècle.

Les Gaulois se découvraient le torse pour combattre : révéler ainsi aux yeux de tous l'horreur des blessures et le sang ruisselant sur les chairs déchirées, et ne pas craindre d'amollir les courages, est une preuve incomparable de la valeur guerrière d'un peuple. Ce fait est rapporté notamment au sujet des Allobroges [1].

Néanmoins cette valeur des Gaulois ne les empêchait pas de songer aux protections utiles : ainsi ils rangeaient en première ligne des esclaves couverts de fer. Mais le soldat romain, prenant la cognée et la hache, se fit une brèche à travers ce rempart mobile auquel il fallut renoncer, car une fois que ces *crupellaires* avaient été renversés à terre, il ne leur était plus possible de se relever.

Dans leurs entreprises, les Gaulois emmenaient aussi des chars qui, liés ensemble, les uns à côté des autres, servaient d'abri avant l'attaque, et conjuraient les surprises pendant la nuit.

Sous les monarques francs, les hommes d'armes se rassemblaient tous les ans, d'abord au mois de mars, puis au mois de mai. Là on décidait de la paix ou de la guerre.

[1] Diod. de Sic., V, 20. — Les Allobroges étaient un peuple de la Gaule, du côté du Dauphiné.

A l'origine, le service militaire n'était qu'un devoir relatif : le chef proposait une expédition à ses hommes, et, s'ils l'approuvaient, ils partaient. Maintes fois aussi, les guerriers avides d'aventures et de pillage sommaient leur comte de les conduire au combat; ils lui disaient comme les Francs à Thierry : « Si tu ne veux pas aller en Bourgogne avec tes frères, nous te laisserons, et nous marcherons sans toi. »

Peu à peu ces convocations militaires prirent le caractère d'obligation sanctionnée de peines, même quand il ne s'agissait point de défendre le territoire.

C'est sous Charlemagne que le concours du citoyen, comme soldat, devint un *service public* fondé sur la propriété territoriale. « Tout possesseur de trois manoirs ou plus est tenu de marcher en personne. Les possesseurs d'un ou deux manoirs se réunissent pour équiper l'un d'eux, à leurs frais, afin que trois manoirs fournissent toujours un guerrier. Enfin, ceux qui ne possèdent point de terres, mais seulement des biens meubles de la valeur de cinq *solidi*, sont tenus de se grouper, six par six, pour équiper et faire marcher l'un d'entre eux. »

Charlemagne veilla très sévèrement au

maintien de ce système de recrutement, basé sur la valeur domaniale. Son ordonnance, en forme d'instruction aux *missi dominici*, pour l'année 812, règle même tous les détails du service [1].

Les capitulaires nous apprennent que ceux qui étaient obligés d'entrer en campagne devaient se fournir de vivres pour trois mois, d'habits pour six, et se procurer les armes nécessaires.

Le comte s'assurait que tout homme avait avec lui lance, bouclier avec deux cordes et douze flèches.

Le service du vassal au temps de saint Louis, c'est-à-dire « l'ost [2] et la chevauchée », est dû au roi durant soixante jours et soixante nuits « quand il les en semondra »; pendant ce temps les hommes serviront *au leur* (à leurs dépens). Toutefois le roi pourra « les remaindre *au sien* (les garder à ses frais), si le volait pour le royaume deffendre ».

A l'époque féodale, en France, nous voyons que la constitution de l'armée résulte nécessairement de l'organisation sociale d'alors.

[1] M. Guizot.
[2] *Ost*, service de guerre, de *hostis*. (Etabliss. de saint Louis.)

Supposons la guerre déclarée : le roi appelle aux armes les seigneurs. Ceux-ci de leur côté s'entourent de leurs vassaux qui combattent en seconde ligne[1]. Les nobles cavaliers représentent la grande force militaire. Sans doute l'infanterie est robuste et vaillante; mais personne en quelque sorte n'en prend souci, car il est incontestable que le fantassin était bien impuissant contre la grosse cavalerie toute bardée de fer.

Les cavaliers formés en groupes, portant bannière, constituèrent l' « unité » d'usage, en sorte que l'on en vint à compter l'effectif « par bannière ».

Chacune correspondait à « *cinq lances fournies* », et une lance fournie se composait d'un chevalier et de quatre hommes de suite.

Quant à l'illustre corporation connue sous le nom de *Chevalerie*, des œuvres magistrales l'ont si bien mise en lumière, qu'il serait téméraire de chercher à les compléter.

De tout temps la poésie s'est plu à chanter les belles actions des guerriers, et leurs brillantes entreprises.

[1] Les souverains, en cas de guerre, louaient des mercenaires appelés *soudoyers*, que remplacèrent les *francs-archers*, ou troupes permanentes à la charge des paroisses.

La Chevalerie, aux mœurs aventureuses, se prêtait à merveille à cette glorification ; aussi servit-elle de thème favori, thème charmant, patriotique et inépuisable, qui a inspiré les trouvères [1]!

Voici l'un de ces chants que nous reproduisons en lui conservant sa forme exquise : « Quel est le gentil bachelier (bas chevalier) né au milieu des armes, allaité dans un heaume, bercé sur un bouclier, et nourri de chair de lion, s'endormant au bruit du tonnerre...? — Il a le visage du dragon, les yeux du léopard et l'impétuosité du tigre. — Dans le combat, voilà qu'il s'enivre de fureur et découvre son ennemi au travers des tourbillons de poussière : tel le faucon voit sa proie à travers les nuages. — Rapide comme la foudre, de son coursier il renverse le paladin, et son poing, ainsi qu'une massue, peut les écraser l'un et l'autre. — Pour mettre fin à une grande aventure, il ne craindra pas de franchir les mers d'Angleterre, ou les cimes du Jura. — Dans la bataille, on fuit devant

[1] Les trouvères, poètes du Nord, se livraient de préférence à la poésie épique et chevaleresque. Par troubadour, est-il besoin de le rappeler, on désigne spécialement les poètes provençaux du moyen âge, qui allaient de château en château dans le midi de la France, chanter sonnets, pastorales et poèmes « de gaie science ».

lui comme la paille légère devant la tempête. — Aux joutes, ni fer ni platine (plaques), ni lance, ni bouclier ne peut résister à ses coups. — les glaives brisés, l'haleine des chevaux fumants, les piques, les hauberts fracassés : voilà les spectacles et les fêtes chers à son noble cœur! — Il aime à parcourir les monts et les vallées pour attaquer les ours, les sangliers et les cerfs. Pendant son sommeil, son casque est son oreiller. »

Diverses ordonnances de 1314, 1338, etc., indiquent que les nobles seuls étaient sujets au *ban*[1], c'est-à-dire à l'appel direct du roi; toutes les autres personnes en état de porter les armes étaient comprises dans l'*arrière-ban*.

Pour que les sujets fussent forcés de se rendre à l'armée, il fallait que l'arrière-ban fût l'objet d'une convocation générale; par exemple, en cas de péril imminent et public.

Déjà sous le roi Jean (30 avril 1351) une *solde*[2] était assurée aux gens de guerre, pour

---

[1] *Ban*, proclamation. La *banlieue* était la circonscription féodale où l'appel était fait à son de trompe, par le seigneur à ses vassaux.

[2] De nos jours, un *soldat*, solde comprise, coûte à son pays une somme proportionnelle aux nombres suivants : en France, 43; en Allemagne, 43; en Russie, 37; en Autriche, 34; en Italie, 33; en Angleterre, 86; aux Etats-Unis, 440.

vivre; mais ce ne fut que sous Charles VII que la force armée se constitua véritablement d'une manière permanente et durable, grâce aux ordonnances de 1439 et 1446 : désormais la guerre devient l'affaire du roi, et il est interdit aux barons de rien prélever au delà de leurs droits seigneuriaux, sous prétexte d'entreprises belliqueuses.

Une différence profonde entre les guerres anciennes et les guerres modernes consiste en ceci : jadis pour s'assurer la victoire tout était permis; tout semblait licite pour ainsi dire; aujourd'hui l'emploi de la force contre les ennemis est limité par certaines restrictions résultant, soit d'usages, soit de conventions internationales.

« Les nations civilisées doivent, selon l'expression de Talleyrand, dans la paix, faire le plus de bien, et dans la guerre, le moins de mal possible.[1] »

En tout temps, quand il s'est agi d'un combat privé, d'un duel, les deux adversaires ont lutté à armes égales; et l'on mesurait jadis les bâtons des vilains, comme de nos jours on mesure les épées des duellistes mis

[1] Lettre à Napoléon, 20 novembre 1806.

en présence. Eh bien, pour les luttes entre nations, le droit international tâche aussi d'équilibrer les chances respectives dans la mesure la plus équitable.

Or les moyens interdits comme barbares sont les *cruautés* et la *perfidie.*

L'emploi de certains procédés de destruction est également défendu, par exemple : la mitraille, le *verre pilé,* les *balles mâchées,* les *boulets à chaîne* dans les guerres continentales, et les *boulets rouges* dans les guerres maritimes.

Le pape Innocent III avait jadis pris l'initiative de décider les nations chrétiennes à renoncer aux projectiles et à se contenter de l'arme blanche; mais il échoua dans sa tentative.

Tandis que les peuples civilisés signent des pactes, pour déterminer les conditions auxquelles ils pourront se détruire «convenablement », se tuer selon les règles, les sauvages, eux, avec leur logique primitive, se disent qu'à la guerre, le droit étant réputé appartenir au plus fort, il serait absurde d'épargner ses adversaires au lieu de les anéantir par tous les moyens.

Aussi commencent-ils par *empoisonner leurs armes* pour qu'elles donnent plus sûrement la mort.

Comme le sol d'Amérique produit quantité d'essences mortelles, les Indiens du Nouveau Monde étaient passés maîtres dans l'art de préparer les poisons : on a essayé en Europe certains de ces dards trempés dans le suc du mancenillier ; et après cent cinquante ans écoulés, leur vertu maligne n'était point épuisée encore.

Les Asiatiques, plusieurs siècles avant Alexandre, et les habitants du Latium avant la fondation de Rome, se lançaient déjà des traits envenimés.

D'après Strabon, les habitants de la Colchide trempaient leurs flèches dans une infusion qui tuait infailliblement les personnes atteintes, et qui répandait une odeur si forte, qu'elle suffoquait ceux que le trait ne perçait point.

Les Scythes enduisaient les leurs de *sanie de vipère*, et Pline assure que pareilles blessures étaient incurables.

Les flèches qu'on nomme *alènes* de Macassar sont si redoutables, que la plus petite écorchure faite par elles donne aussitôt la mort dans d'horribles convulsions. En vain recourt-on à l'amputation ; le venin s'empare si promptement du reste du corps, que l'opération demeure inutile.

Les Javans empoisonnent le fer de leurs poignards au moment de la trempe ; et sur mille blessures, il n'y en a pas une qui ne soit fatale.

Aux îles Mariannes, les habitants garnissent leurs bâtons de certains os pointus préparés ; la moindre esquille de ces os produit une sorte d'empoisonnement, et l'on n'a point encore trouvé de remède contre un agent si subtil.

« Nous nous demandions, écrit Stanley, en quoi consistait le produit homicide, |inoculé par les armes des Africains. Or, en revenant de Nyanza pour aller porter secours au major Barthelot, nous trouvâmes parmi les cabanes des paquets de *fourmis rouges :* nous apprîmes alors que les corps de ces insectes séchés et réduits en poudre, cuits ensuite dans de l'huile de palme, servaient à frotter la pointe des flèches [1]. »

Dans ses ardeurs martiales, l'Europe civilisée s'était approprié en partie l'idée des sauvages, si bien qu'encore au seizième siècle on ne se faisait point scrupule d'« envénimer les dards ».

---

[1] *Scottish Geographical Magazine.* — Stanley raconte que c'est en enveloppant de feuilles fraîches le bout du dard que les sauvages évitent de s'empoisonner eux-mêmes par le contact de leurs terribles armes.

Lors de la conquête du Nouveau Monde, les Espagnols dressaient des chiens pour la guerre, et l'on sait avec quelle fureur ceux-ci mettaient en pièces les Américains.

Il paraît que cette tendance, ou bien plutôt cette éducation perverse, a persisté chez les chiens du Pérou : aujourd'hui encore ils font preuve d'acharnement contre les Indiens; et d'un autre côté, assure-t-on, les chiens élevés par les Indiens ne détestent pas moins les Espagnols.

Faut-il admettre que le chien devine et partage les sentiments de son maître...?

Le simple dressage suffit à expliquer la direction donnée à l'instinct de l'animal. Par exemple, les individus qui se livrent à la contrebande, surtout sur les frontières belges, enferment dans une pièce le chien qu'ils veulent utiliser et qu'ils ont pris soin de museler d'abord. Alors, un individu déguisé en douanier et armé d'un énorme bâton, pénètre dans la pièce et roue de coups la pauvre bête, qui, de ce jour, éprouve pour l'uniforme de drap vert une terreur effroyable; aussi quand l'animal porteur de tabac de contrebande entrevoit le douanier de service fait-il merveille pour l'éviter.

Au dix-neuvième siècle, la pensée d'écarter de la guerre les maux superflus a motivé, entre tous les États de l'Europe, la Convention de Saint-Pétersbourg[1], aux termes de laquelle, dans un but d'humanité, les parties contractantes ont renoncé mutuellement à se servir de projectiles *explosibles*, considérés comme trop meurtriers.

On ne doit pas non plus faire usage de *poison* pour gâter l'eau des sources ou des rivières, ni répandre sur le territoire ennemi des substances dangereuses, susceptibles d'y développer des maladies contagieuses.

Si entre combattants, la ruse, les feintes, sont stratagèmes de « bonne guerre », la *perfidie* n'est point un moyen licite. Ainsi il serait déloyal de demander une suspension d'armes et de la rompre par surprise ; de faire semblant de se rendre, pour ensuite fusiller de plus près les ennemis ; de désigner comme hôpital un magasin à munitions, etc...

Y aurait-il ruse coupable à se servir des uniformes et des insignes de l'adversaire ?

Celui qui les revêt ou les arbore déclare par là même appartenir à tel ou tel parti : c'est un langage très intelligible auquel on

[1] 11 décembre 1868. V. aussi : Convent. de La Haye, 29 juillet 1899.

doit reconnaître autant de valeur qu'à une parole ou à un signe écrit, semble-t-il.

Toutefois il a été admis qu'un certain déguisement est acceptable, à condition qu'au moment décisif, au moment d'en venir aux mains, les belligérants montrent leurs vraies couleurs et se révèlent pour ce qu'ils sont.

Le droit maritime a même réglé par des démonstrations spéciales l'emploi des stratagèmes, et fixé le moment où, à peine de perfidie, on doit s'en abstenir.

Lorsque deux vaisseaux de guerre se rencontrent, celui qui désire connaître réellement la nationalité de l'autre, arbore ses couleurs et tire un coup de canon; et l'autre bâtiment doit répondre de même. Ce coup de canon ou *coup d'assurance*, est la parole d'honneur donnée par le commandant que le pavillon qui flotte est bien celui de la nation à laquelle appartient le navire.

En cas de siège ou de *bombardement*, à moins que l'intention de résistance ne résulte des préparatifs de défense, il est prescrit de s'assurer au préalable des dispositions de la place, en la sommant de se rendre : on permet ainsi aux habitants inoffensifs de se soustraire aux horreurs de la guerre en se retirant.

Le bombardement de Paris en 1871, sans dénonciation préalable, motiva les réclamations de divers membres du corps diplomatique résidant dans la capitale. M. Kern, ministre de Suisse, se fit leur interprète dans une lettre qu'il adressa[1] au chancelier allemand. Voici quelle fut la réponse de M. de Bismarck : « En réservant au gouvernement de Votre Excellence et de Messieurs vos consignataires l'initiative d'un examen plus approfondi de la question théorique, je me borne à maintenir que la dénonciation préalable d'un bombardement n'est point exigée, d'après les principes du droit des gens, ni reconnue comme obligatoire par les usages militaires. »

On remarquera que c'est justement parce que l'opinion des diplomates était pour l'*avertissement*, que leur doyen prenait l'initiative de la protestation : on vit en effet un seul obus broyer quatre jeunes enfants et en atteindre cinq autres, en tombant sur une école de Vaugirard, ainsi que le relate le *Moniteur Officiel* du 10 janvier 1871.

En tout cas, à Rome comme en Crimée, nos officiers se firent, eux, un strict devoir

[1] Le 13 janvier 1871.

de signifier à l'ennemi les bombardements projetés.

Parlons maintenant des *blessés*.

On lit dans Diodore de Sicile que les soldats égyptiens frappés à la guerre étaient soignés par des médecins que salariait le trésor public [1].

Les Grecs, au siège de Troie, avaient aussi leurs médecins pour les hommes mis hors de combat; et on les tenait en haute estime, si l'on en juge par ce qu'Homère fait dire à Idoménée : « Fils de Nélée, hâte-toi de retirer Machaon du milieu des guerriers; emporte-le sur ton char près des vaisseaux, car, à la guerre, un médecin vaut à lui seul mille combattants ».

Et ils soignaient également les plaies des vaincus, comme le fait remarquer Xénophon qui recommande aux chefs d'armée la pitié respectueuse pour le courage malheureux [2].

Pendant six siècles, Rome semble avoir été privée de médecins. Plus tard, les généraux romains en emmenèrent dans les expéditions militaires : César les déclara citoyens; Auguste les exempta d'impôts.

---

[1] Diodore, liv. I, ch. LXXXII. V. *Guerre Cont.*, par M. G. Guelle.

[2] *Cyropédie*, V., ch. IV; III, ch. II.

Tout homme blessé était déjà considéré comme sacré; et les mêmes chefs qui n'hésitaient pas à massacrer les vaincus valides, nous ont légué cette maxime : *Un ennemi blessé est un frère* [1].

Actuellement, en vertu de la Convention de Genève, les blessés et les malades sont placés sous la protection des puissances européennes, et la neutralité des ambulances assurée par elles, au nom de l'humanité souffrante.

Cette étude serait incomplète si nous ne disions rien des *otages*, sorte de nantissement personnel donné en garantie de l'exécution d'un engagement international, l'individu remis en cette qualité devant être traité avec tous les égards qu'exige une loyale hospitalité.

Suivant Plutarque et Tacite, les Romains et les Germains constituaient en gage même des femmes et des enfants [2].

Mais autant l'otage *donné* librement, comme sûreté d'une promesse, est une chose licite et respectable; autant la *prise d'otage* employée comme moyen de terreur et d'inti-

---

[1] Hostes dum vulnerati, fratres.
[2] Plutarq., *De clar. mulier;* Traité, *Annal.*, XII, et *Hist.*, IV.

midation est un abus de la force, un attentat contre le droit naturel.

On s'est demandé si le droit des gens permettait de tuer un ennemi, en envoyant contre lui un *assassin* : le cas est en effet très différent d'un coup mortel porté pendant une action belliqueuse.

Une distinction est à faire, à raison de la qualité de celui qui frappe en pareille circonstance. Il y aurait perfidie si l'assassin employé était un sujet du prince ou du chef voué à la mort, où s'il s'était introduit dans le camp en qualité de parlementaire, de suppliant, d'étranger... Mais il en serait autrement si celui qui donne la mort n'était lié par aucun engagement.

Telle fut jadis l'audacieuse entreprise de Mucius Scævola, qui justifia d'un mot sa conduite : « Ennemi, j'ai voulu tuer un ennemi. »

Porsenna lui-même ne trouva rien que d'héroïque dans cette conduite [1]. Valère-Maxime l'appelle une entreprise honnête [2], et Cicéron la loue à son tour dans son discours pour Sextius.

Il faut en dire autant de la conduite de

[1] Tite-Live, II.
[2] Valère-Max., lib. III, cap. III.

Pépin, père de Charlemagne, qui, accompagné d'un seul garde, traversa le Rhin, pour aller frapper inopinément son adversaire.

Chez les peuples civilisés, la *déloyauté* entre combattants n'est pas plus licite qu'entre particuliers; mais c'est là une conception nouvelle et relativement récente des devoirs internationaux. Ouvrez Homère, et vous y lirez qu'« il faut nuire à son ennemi, soit par force ouverte soit *par dol;* au grand jour ou secrètement »; et ses héros, en effet, n'hésitent jamais à employer la fraude, quelle qu'elle soit.

D'après Pindare, pour détruire la puissance adverse, *tout* peut être mis en œuvre; Xénophon vante la ruse comme la meilleure chose à la guerre[1]; et Polybe est du même avis[2].

Dans Virgile aussi, il y a cette idée: Ruse ou valeur, qu'importe, quand il s'agit des ennemis!

Plutarque partage ce sentiment, et Lucien estime que ceux qui *trompent* en pareil cas sont dignes de louange[3]. Enfin les jurisconsultes romains eux-mêmes déclaraient qu'il n'y avait là rien de blâmable[4].

---

[1] *De Cyri instit.*, I, *et De re equestri.*
[2] Lib. IX.
[3] Lucien, *Phil.*
[4] Dig., *De Dolo*, 1.

Est-il permis de *mentir* à un ennemi...? Platon[1], Xénophon[2], Philon le Juif[3], et bien d'autres auteurs trouvent très légitime l'emploi d'un faux discours à l'égard de ceux à qui on fait la guerre...

D'après le droit des gens, on ne saurait admettre le mensonge lorsqu'il revêt la forme d'une affirmation par serment, ou d'une promesse faite, fût-ce à un ennemi : car l'intérêt ne peut passer avant l'honneur, et une parole donnée au nom de la nation n'en est que plus respectable et plus sacrée.

Diverses sectes religieuses, dont il existe encore des représentants, professent qu'il n'est *jamais permis de donner la mort*, fût-ce à la guerre !

Pareille croyance étant inconciliable, on le comprend, avec le service militaire, les Quakers envoyèrent en 1791, à la barre de l'Assemblée Nationale[4], une députation qui présenta la requête suivante :

« Vous avez, Messieurs, donné un grand

[1] *De Republ.*, II.
[2] *De Cyr instit.*, I, et *Socrat.*, II.
[3] *De migrat. Abrah.* Philon est né à Alexandrie, vers l'an 20 avant Jésus-Christ.
[4] Séance du 10 février 1791. Les Quakers ou trembleurs sont répandus en Angleterre et en Amérique.

exemple aux nations qui persécutent encore les opinions religieuses ; et nous espérons qu'elles ne manqueront pas de suivre ces grands principes de justice. auxquels notre secte est restée inviolablement attachée depuis son origine. L'un de ces principes est celui qui nous interdit de tuer les hommes, sous aucun prétexte : les Quakers ont prouvé dans la Pensylvanie qu'on pourrait soutenir un grand établissement sans l'appareil militaire. Nous vous demandons de ne jamais souiller nos mains du sang d'aucun homme. Les Américains nous ont accordé cette dispense, et nous n'avons jamais cessé de leur être utiles. »

A leur tour, les Anabaptistes du département de la Meurthe vinrent aussi représenter à l'Assemblée Nationale [1] que leurs convictions défendaient de verser le sang humain, *même dans des guerres justes.*

Ils la conjurèrent au nom de la Déclaration concernant la liberté des cultes, de les exempter de porter les armes, offrant d'ailleurs de servir leur patrie par tous les moyens pécuniaires.

---

[1] Séance du 15 août 1793. Les anabaptistes, comme l'indique leur nom, prétendaient faire rebaptiser chaque chrétien après l'âge de sept ans.

Les Memnonites des États-Unis et de la Russie repoussent également, comme immoral, l'usage des armes; dans le canton de Neuchâtel, en Suisse, une de leurs églises persiste à résister.

Les Memnonites de la Hollande et du sud de l'Allemagne se sont soumis au service militaire depuis le commencement de ce siècle: mais d'ordinaire, ceux de Prusse sont placés comme infirmiers, pour ménager leurs scrupules de conscience.

Au seizième siècle, une secte d'Anabaptistes, les Baculaires, *gens à bâton*[1], professaient sur la guerre une opinion bizarre.

Suivant eux, c'est un crime de porter d'autres armes qu'un bâton; et il n'est jamais licite de repousser la force par la force, puisque, disent-ils, Jésus-Christ a défendu de se servir de l'épée, à peine de périr par elle...

Les Baculaires oublient que les devoirs des citoyens diffèrent de ceux des simples particuliers, et que la Société a des droits supérieurs à ceux des individus. Le Dieu de paix étant en même temps le Dieu des batailles, l'usage du glaive est souvent aussi légitime que nécessaire.

---

[1] De *baculus*, bâton.

Au contraire, il est rare que l'emploi du bâton soit justifié : comme protestation, c'est trop violent, et comme défense dans les combats, c'est très insuffisant.

La guerre est un phénomène si universel, qu'elle apparaît à toutes les dates de l'histoire avec la permanence d'un fait normal ; c'est comme une loi de nature, un mal inéluctable ! Et force est de reconnaître que, dans la pensée des peuples, il n'y a point de gloire qui soit supérieure à celle des armes : en réalité une nation prend rang dans la hiérarchie générale, en raison même de la supériorité dont elle fait preuve dans l'art militaire.

De plus, le prestige qui s'attache au courage et au mépris de la mort a séduit même des philosophes, qui ont vu dans le soldat un sacrificateur, chargé d'exécuter sur le champ de bataille la justice mystérieuse de Dieu sur l'humanité.

Frappé de cette remarque que la guerre est un fléau commun à toutes les époques, Joseph de Maistre a écrit à ce sujet d'éloquentes pages d'une exagération indéniable, où il divinise en quelque sorte ce mal épouvantable, au lieu de chercher à en inspirer une horreur profonde : « On ne doit pas s'étonner, écrit-il, que toutes les nations de l'univers se soient accordées à voir dans ce fléau quelque chose encore de plus particulièrement *divin* que dans les autres; croyez que ce n'est pas sans une grande et profonde raison, que le titre de Dieu des armées brille à toutes les pages de l'Écriture... Le carnage permanent[1] est prévu et ordonné dans le grand tout. Mais cette loi s'arrêtera-t-elle à l'homme? Non sans doute! Cependant quel être exterminera celui qui les extermine tous?... Lui! l'homme, est chargé d'égorger l'homme. C'est la guerre qui accompagnera le décret. N'entendez-vous pas la terre qui crie et demande du sang...? La terre n'a pas crié en vain : la guerre s'allume. L'homme, saisi tout à coup d'une fureur *divine* étrangère à la haine et à la colère, s'avance sur le champ de bataille sans savoir ce qu'il veut, ni même ce qu'il fait... Ainsi s'accomplit sans cesse, depuis le ciron jusqu'à l'homme, la grande loi de la destruction des êtres vivants. La terre en-

---

[1] Eh quoi! la concurrence vitale qui fait que les animaux s'entre-détruisent est-elle en rien comparable à ces immolations colossales, où l'intelligence de l'homme, faisant appel à toutes les ressources destructives que la science peut fournir, couche sur le sol l'élite de la nation?

tière, continuellement imbibée de sang, n'est qu'un autel immense où tout ce qui vit doit être immolé sans fin, sans mesure, sans relâche, jusqu'à la consommation des choses, jusqu'à l'extinction du mal, jusqu'à la mort de la mort. »

La page est d'une incontestable éloquence, mais l'apologie n'en demeure pas moins regrettable...

Non ! la guerre, plaie des nations, n'est pas un don divin : c'est un mal qui mérite d'autant plus le nom de fléau qu'il fait plus de victimes. Dieu laisse à chacun de nous la faculté de faire le bien ou d'y résister, et de cette liberté vient notre noblesse : en faudrait-il donc conclure que nos erreurs sont « divines » parce qu'elles sont possibles ?

De plus l'auteur ne fait aucune distinction entre les antiques mœurs d'Israël « au cœur dur », et la loi de charité apportée par Celui qui est venu dire à l'humanité sanglante et troublée : « la Paix soit avec vous ».

D'un autre côté, Émile de Girardin, soutenant une thèse diamétralement contraire à celle de de Maistre, a cru pouvoir écrire cette phrase : « La guerre, c'est le meurtre, c'est le vol, acclamés, blasonnés, couronnés ; oui, c'est le vol, c'est le meurtre, soustraits à l'échafaud par l'arc de triomphe !

A ces appréciations également excessives, on peut opposer ce sage principe, qui concilie à la fois les préceptes de la sainte morale et les règles impérieuses du droit : la guerre est juste, honorable et nécessaire quand elle se fonde *sur la légitime défense* :

« La vie des États, dit avec raison Montesquieu, est comme celle des hommes : ceux-ci ont le droit de tuer dans le cas de défense naturelle ; ceux-là ont aussi le droit de faire la guerre pour leur propre conservation [1]. »

Dans sa glorification poétique de la guerre J. de Maistre va jusqu'à écrire : « On dirait que *le sang est l'engrais* de cette plante qu'on appelle le Génie. »

Pour le docteur Lieber, la guerre est « un élément de civilisation » ; et de même pour M. Ortolan elle est un « moyen de propager les idées généreuse, et le progrès ».

La guerre un moyen de civilisation et de progrès ? Pas toujours certes... Mais à quel prix en tout cas !

On a calculé que depuis le commencement du dix-neuvième siècle jusqu'à 1870, ce fléau terrible avait déjà fauché *dix millions d'hom-*

---

[1] *Esprit des Lois.*

mes! Et puis, si la guerre développe la bravoure, ne suscite-t-elle pas en même temps la haine, la vengeance, les représailles, le goût du sang, et des instincts de pillage et de destruction?

Oui! c'est beau un hymne de victoire! mais si fortes que soient les voix qui le chantent, elles ne couvriront jamais les lamentations déchirantes des veuves et des orphelins, ni les cris de douleur des malheureux blessés, transpercés par des balles fratricides.

CHAPITRE V

SACRIFICES HUMAINS ; SUTTIES DES VEUVES INDIENNES, ÉCHANGE DU SANG

Sacrifices propitiatoires chez les Égyptiens, les Phéniciens, les Perses, les Hellènes... — Rôle des victimes expiatoires dans les Thargélies attiques. — Animaux, poupées et mannequins remplaçant les holocaustes humains : les *argei*. — Culte des divinités sanguinaires. — Jeux meurtriers des gladiateurs. — Origine et explication des hécatombes humaines, jadis et aujourd'hui. — Rites sanglants chez les anciens Mexicains. — Les égorgements d'enfants. — Relation détaillée des Grandes Coutumes au Dahomey : immolations et tortures. — Le jeu abominable des corbeilles. — Le rocher fatal au royaume du Bénin. — Description de rites propitiatoires au Congo, en Guinée... — Les féticheurs et le cœur humain. — Le bûcher des veuves indiennes ou *suttee*. — Mort des quarante-sept veuves de Marava. — Histoire de la femme du rajah de Brahmapour. — Cérémonial de l'échange du sang au pays noir : lettres de M. Dunod, du duc d'Uzès...— Rôle du sang dans les initiations et les traités. — Vertu attribuée aux breuvages de sang...

L'idée d'offrir des sacrifices pour se rendre le ciel propice ou pour apaiser son courroux est une de ces notions essentielles qui se rencontrent dans les rites de toute religion.

Mais à côté de ses dieux bienveillants, la gentilité en plaçait nombre d'autres, aussi farouches qu'exigeants pour le choix et le prix des hommages : il leur fallait, croyait-on, pour holocauste, non seulement le sacrifice des animaux, mais encore celui du roi de la création.

L'Écriture, qui souvent nous montre, en Israël, les vies fauchées impitoyablement, condamne cependant toute immolation humaine, en tant que mode d'adoration propitiatoire, et si Dieu ordonne à Abraham de s'armer du glaive contre son fils, il arrète à temps son bras docile, prèt à frapper.

En Égypte, à Héliopolis, on tuait *chaque jour trois hommes* [1] ; et Eusèbe raconte qu'en Phénicie on tirait au sort, chaque année, le nom des enfants qui devaient ètre offerts au dieu cruel.

La divinité suprème des Phéniciens, Baal, qu'on adorait aussi sous le nom de Moloch comme dieu du feu, était honorée par un brasier rempli de petits corps d'enfants.

De mème chez les Hellènes, Achille sacrifie douze Troyens, et Aristomène en offre trois cents à Zeus. A Sparte, Licurgue dé-

---

[1] D'après Manéthon.

clare prohiber ces barbaries, ce qui démontre que de son temps pareille pratique était admise.

Lors des Thargélies attiques, tous les ans, on choisissait de jeunes Grecs que l'*on chargeait des fautes de tous;* on les engraissait pour qu'ils fussent plus dignes du dieu ; puis, comme expiation publique, on les livrait au bûcher, après les avoir flagellés avec des branches de figuier.

En Perse, malgré une civilisation relativement avancée, nous voyons que la femme de Xerxès fait ensevelir vivants douze hommes, pour apaiser les dieux infernaux.

Dans la Rome antique on égorgeait des enfants à la fête de plusieurs dieux Lares, et, à certains jours, on lançait dans le Tibre des hommes et des femmes pour conjurer les fléaux.

Ajoutons, toutefois, qu'avec le temps, l'holocauste humain ne fut plus que symbolique [1].

Ainsi, à Rome l'artifice consista à ne plus offrir que des *poupées de laine,* ou encore des *mannequins de jonc,* appelés *argei,* que les prêtres ou les vestales jetaient dans le fleuve à l'époque des ides de mai, en commémoration du passé.

---

[1] On substituait parfois des *chèvres* aux enfants.

Comme exemple d'immolation volontaire, on peut citer l'histoire de Curtius [1] qui, pour obéir aux oracles, se précipita, avec son cheval, dans le gouffre qu'un tremblement de terre avait ouvert au milieu du Forum [2].

Le spectacle continuel des scènes belliqueuses auxquelles furent en proie les premières sociétés, loin d'inspirer l'horreur du sang, a constamment excité au contraire l'imagination guerrière des peuples; à tel point, qu'en temps de paix, au lieu de jouir du calme si laborieusement conquis, les Grecs, et surtout les Romains recherchèrent comme divertissement public les jeux meurtriers connus sous le nom de *combats de gladiateurs*.

L'origine de ces combats semble remonter à l'antique usage du *ceste* [3], sorte de boxe meurtrière qui faisait partie des fêtes populaires et sacrées.

Empruntons quelques lignes à un auteur qui s'est spécialement occupé de ces questions : « Il n'était pas rare, dit M. C. Carpentier, de voir des personnages illustres. les mains couvertes d'énormes gants de cuir renforcés de feuilles de plomb, descendre dans l'arène,

[1] 362 avant Jésus Christ.
[2] Tite-Live.
[3] On appelait aussi ceste le gantelet même dont se servaient les athlètes.

s'attaquer à coups de poings, se briser la mâchoire, s'enfoncer la poitrine et se fracasser les os, *pour célébrer les funérailles des morts ou honorer leur mémoire.* »

C'est ainsi que du temps de la guerre de Troie, Homère nous montre le sage Nestor se vantant d'avoir été vainqueur dans les luttes du ceste, et nous fait assister à un *pugilat* fameux entre Épéus et Euryale, lors de la mort de Patrocle.

C'est ainsi encore que Virgile nous dépeint Entelle et Darès, compagnons d'Énée, échangeant des coups de poing avec fureur, pour célébrer la mémoire d'Anchise dont on venait de retrouver le tombeau.

Les combats de gladiateurs, proprement dits, étaient encore plus goûtés que ceux du ceste. Ils furent introduits à Rome par Marcus et Junius Brutus, en vue d'honorer les cendres de leur père ; et ce spectacle, dit Tite-Live, fut accueilli dans la Ville « avec une faveur extrême ».

On commença d'abord par faire combattre quelques hommes pendant un seul jour, puis des douzaines et même des centaines d'individus durant plusieurs jours consécutifs. Ainsi à l'occasion de la mort de Valérius Lavinus, on mit aux prises vingt-cinq couples de combattants pendant quatre jours; ensuite trente-sept couples pour les funérailles de Tibérius Flaminius, et enfin soixante couples à celles de Licinius.

A mesure que l'on avance dans l'histoire romaine, la passion des combats se montre de plus en plus ardente.

On compta même parmi les morts des chevaliers, des fils de préteurs et jusqu'à des sénateurs. En prévision de la dédicace du Temple de Vénus, Jules César avait prescrit des luttes à pied, à cheval, et même avec des éléphants pour monture. Dans son testament Auguste se vanta d'avoir fait descendre dans l'arène environ *dix mille gladiateurs*.

Pour jouir du spectacle de tous les genres de guerre, on figurait aussi des *combats de navires*, les plus coûteux de tous.

Dans ce but, on creusait de main d'homme de grands bassins pour amener l'eau du fleuve au milieu de vastes amphithéâtres, et, sur ce lac artificiel, de véritables vaisseaux évoluaient, en cherchant à se faire sombrer ou à s'attaquer à l'abordage.

Quelques *naumachies* sont restées célèbres. Jules César fit aménager, à cet effet, sur les bords du Tibre un endroit spécial; il y vint un tel concours de curieux qu'on dut les loger sous d'immenses tentes, en plein air, en attendant la fête.

Le grand cirque et le Colisée étaient disposés de façon à être inondés et transformés en naumachies.

Sous le règne de Néron, dix-neuf mille combattants montèrent dans deux flottes hostiles, et manœuvrèrent l'une contre l'autre sur le lac Fucin [1].

Lors de la dédicace de l'amphithéâtre et des bains qui portent son nom, Titus donna des spectacles nombreux et merveilleux. Beaucoup d'hommes, rapporte l'historien Dion Cassius, se firent gladiateurs, beaucoup luttèrent en troupe sur terre et sur mer; d'autres se battirent dans les bois de Caïus et Lucius. Il y eut de plus, le troisième jour, un combat naval entre trois mille hommes, et l'on eut, durant cent jours, des réjouissances de ce genre sous les yeux.

Suétone et Tacite disent que l'on armait même des femmes (afin sans doute que leurs blessures et leurs cris procurassent des émotions plus vives aux spectateurs blasés).

L'altération du sens moral était si profonde, si générale, qu'il était de mode, chez les

___

[1] Aujourd'hui lac Celano.

grands et les riches, de divertir ses amis par des combats, comme on donne aujourd'hui une comédie ou une séance musicale [1].

Demi-couchés à la manière antique, autour des tables, sur des lits incrustés d'argent ou d'écaille, le front ceint de fleurs, au milieu des molles vapeurs de l'ivresse, les convives savouraient toutes les péripéties de ces drames, en regardant des infortunés s'acharner les uns contre les autres, se déchirer, se couvrir de sang, et expirer à leurs pieds sur les pavés de mosaïques.

Bien que, dans les diverses circonstances que nous venons de décrire, de nombreuses victimes aient trouvé la mort, ces jeux sanguinaires n'eurent rien de commun avec le sentiment « cultuel » qui a inspiré les *sacrifices humains*.

Il ne faut pas non plus confondre les scènes de carnage à la guerre avec les immolations propitiatoires. Au premier cas le vainqueur obéissait d'abord à une préoccupation de vengeance, tout en se dispensant du soin de conserver vivants des ennemis dont il redoutait les représailles.

Mais dans le sacrifice humain véritable, le

[1] M. Carpentier.

sauvage actuel, comme le païen de jadis, se propose avant tout de complaire à la divinité, car l'oblation de l'homme lui paraît plus digne d'obtenir les faveurs célestes.

Les vaincus semblent tout désignés pour l'expiation : c'est eux qu'on frappera d'abord ; après viendront des esclaves robustes, de jeunes vierges, des enfants candides, créatures de choix dont l'offrande est supposée plus agréable ; et le sauvage espère que l'Esprit manifestera d'autant mieux son contentement par des bienfaits.

Plus la victime est rare et précieuse, plus le sacrifice est réputé utile et méritoire : tel est, philosophiquement parlant, ce qui explique, sans pourtant la justifier, l'effusion du sang humain sur les autels des non-civilisés.

Grâce à un vaste travail, publié par un Américain, M. Bancroft[1], d'antiques usages du Nouveau Monde sont aujourd'hui connus.

Les habitants de l'ancien Mexique ont peut-être été les plus cruels et les plus sanguinaires de l'univers ; et quand les aventuriers espagnols vinrent sur ces côtes, ils furent épouvantés de ce qu'ils apprirent. « Mexico

[1] *The native races of the Pacific States.* 5 vol. San-Franc.

(Tenochtitlan avant la conquête espagnole[1]) était témoin d'égorgements continuels au pied des autels, dans des proportions que n'a jamais connues la Rome des Néron et des Héliogabale.

« On ne peut savoir au juste si ce goût pour le sang provenait d'une cruauté innée chez les Peaux-Rouges, ou des inspirations du fanatisme sacerdotal. Une chose à peine croyable, c'est que les sacrifices humains furent presque inconnus aux origines de la domination aztèque, et qu'ils se multiplièrent quand la civilisation fut plus avancée : le règne du superstitieux Montezuma fit couler dans les temples mexicains des flots de sang. On estime à près de vingt mille le nombre des personnes annuellement égorgées, sans compter les solennités exceptionnelles. Ainsi, lors de l'inauguration, vers 1486, du temple du dieu de la Guerre, on tua soixante-dix mille hommes en une seule fois.

« Les compagnons de Cortez purent compter dans certains temples jusqu'à *cent trente mille crânes* entassés comme trophées! Ceux qu'on frappait ainsi étaient généralement des captifs.

---

[1] *Rev. pol.*, Alf. Rambaud.

Souvent, quand les prètres du dieu voulaient du sang, on faisait la guerre à quelque peuple voisin, uniquement pour avoir des prisonniers : enfin, comme à Carthage et à Tyr, il y avait des immolations d'enfants.

« Selon le cérémonial, la victime était couchée sur une table de jaspe, et des sacrificateurs aux longs cheveux incultes, après avoir échangé leur vètement noir contre une tunique rouge, *lui ouvraient la poitrine avec un couteau d'obsidienne, et en arrachaient le cœur tout palpitant.* Parfois on disposait des niches dans l'épaisseur des parois du temple pour y emmurer des hommes tout vivants ! Un combat de guerriers s'entr'égorgeant sur un vaste dallage de pierre ou de marbre était aussi une offrande réputée très agréable au dieu. A la fète de la déesse Xilonen, une femme était placée sur les épaules d'une autre femme, et sur ce vivant autel on l'égorgeait sous les yeux de la multitude.

« Mais les holocaustes à Xiuhtecutli, le dieu du feu, surpassaient peut-ètre en horreur tous les autres : le prètre du faux dieu jetait au visage de la victime une *poudre stupéfiante* extraite de la plante yautli ; puis les sacrificateurs l'enlevaient comme un fardeau inerte et venaient l'attacher sur un gril de charbons ardents où d'atroces douleurs l'arrachaient enfin à sa torpeur. Du bas du temple, le peuple fanatisé voyait se tordre sur le brasier des membres humains convulsés. Avant que le patient expirât, on le retirait tout pantelant, pour l'étendre sur la table du sacrifice, lui ouvrir la poitrine et lui arracher le cœur suivant le procédé ordinaire. Après chaque sacrifice, on distribuait aux prêtres, aux nobles et au peuple la chair des victimes [1]. »

Ce qui se passait autrefois au Mexique se renouvelle à notre époque dans des conditions très similaires, chez les descendants de Cham, restés réfractaires comme nuls autres aux lois du progrès.

Les récents événements qui se sont passés au Dahomey ont permis à nos officiers, comme à nos missionnaires, d'étudier plus complètement cette région de l'Afrique, où les offrandes humaines sont d'habitude constante.

Déjà en 1862, le P. Borghèro, supérieur de la mission catholique française au *Dahomey*, écrivait : « A la mort de Ghezo, l'aristocratie dahoméenne se trouva partagée en

---

[1] Il y avait des sorciers, raconte le P. de Gand, qui faisaient vœu de ne se nourrir que de chair humaine ; Bernard Diaz assure qu'on en vendait de son temps au marché, comme denrée ordinaire.

deux parties : les uns voulaient le maintien des anciennes coutumes, exigeant chaque année des milliers de victimes ; les autres en réclamaient l'abolition. L'intronisation du fils aîné, le prince Bâhoudou [1], fit triompher les anciennes lois qui reprirent toute la vigueur sanguinaire réclamée par les féticheurs. Il ne faut pas croire que la boucherie humaine ne signale que les grandes fêtes ; aucun jour ne se passe sans que quelques têtes tombent sous le couteau du fanatisme. Le sang de *trois mille* créatures humaines avait arrosé le tombeau de Ghezo, le père de Bâhoudou [2]. »

« Le palais du roi, écrit M. Dubarry, était entouré d'un mur en terre sèche, de quinze à vingt pieds de hauteur, et hérissé, de distance en distance, de crochets de fer supportant des têtes humaines, les unes déjà blanchies par le temps, les autres couvertes encore de quelques lambeaux de chair, d'autres enfin récemment coupées. Tel est l'ornement habituel de toutes les résidences royales du Dahomey...! Partout où l'on voit des ossements humains entassés, on peut dire

---

[1] Le despote du Dahomey était en 1874, le Bâhoudou, fils aîné de Ghezo, mort en 1858.
[2] *Ann. Prop. de la Foi.*

avec assurance : Le roi habite là ou, s'il n'y réside point, il y vient. »

Au royaume du *Bénin*[1], dit M. Demays, les habitants n'ont rien à envier à leurs voisins du Dahomey, en ce qui concerne la sauvagerie des mœurs. Au milieu de la rivière, et près de l'embouchure, en face d'Abo, on montre au voyageur un rocher, auquel le roi sacrifiait *tous les ans une jeune fille*, qui était broyée sur la pierre même.

Les missionnaires ont obtenu, récemment, l'abolition de cette tradition abominable.

Il semble en vérité que le souverain mépris de la vie de leurs sujets soit la première vertu des chefs africains.

Un voyageur revenant d'Ibini, raconte qu'avant de pénétrer dans la capitale, il a dû traverser une large voie dénommée *chemin des cadavres*, à raison de sa destination habituelle. D'innombrables corps étaient échelonnés des deux côtés de la route : les visages contractés et grimaçants, crispés par les affres de l'agonie, les corps raidis ou contournés dans une douleur suprême, révélaient les tortures atroces qui avaient précédé la mort.

Partout s'étalaient des fétiches, car les indi-

[1] Situé à l'extrémité orientale de la Guinée. (*J. des Voy.*, nº 809.)

gènes croient vivre dans une atmosphère de génies malfaisants. Ayant peur des démons et surtout des magiciens, ils se couvrent de talismans ou de *grisgris* de toutes sortes : ornements en griffes de panthère, cervelles de léopards, cendres produites par la calcination des os d'un Européen, etc...

Un peu plus loin, dans le même chemin, se profilaient sur le ciel trois cadavres de femmes qui avaient subi le supplice de la crucifixion.

Les infortunées avaient les bras et les jambes liés à une sorte de chevalet formé de bâtons horizontaux, suspendus à deux troncs d'arbres encore verdoyants ; leurs corps étaient presque complètement écartelés : c'étaient trois offrandes destinées à réjouir les fétiches.

Les explorateurs du *Congo* ont signalé les Ba-Yanzi comme pratiquant des immolations, à la mort de leurs chefs.

Le lieutenant Van Gèle, dit M. Pilgrim, commandant de la station de l'Équateur, dut assister à l'une de ces scènes qui inspirent autant de dégoût que d'indignation.

Un chef important étant mort, les tribus voisines résolurent de massacrer des esclaves « dont les mânes devaient aller rejoindre le défunt dans la région des Esprits ».

Les parents du mort se procurèrent donc autant d'esclaves que leurs ressources leur permirent d'en acheter : on en recruta quatorze des deux sexes.

Chaque femme fut étranglée de la façon suivante : un indigène escalada un arbre et attacha au bout d'une grosse branche une corde, dont l'extrémité fut enroulée autour du cou de la négresse. La branche, une fois abandonnée à elle-même, reprit sa position normale en formant un ressort naturel, enleva la malheureuse et la balança dans l'air en tous sens... A la vue des spasmes de la moribonde, une joie effrénée éclata parmi les spectateurs.

Quant aux hommes, ils furent décapités un à un devant les groupes que l'attrait de ce sanglant spectacle avait attirés de plusieurs lieues à la ronde.

La victime était assise sur une sorte de billot; ses genoux, ses chevilles et ses bras étaient serrés entre des poteaux assez semblables à de courtes échasses, plantés en terre de façon à empêcher le moindre mouvement. Un cercle de jonc, formant collier, était relié, par une espèce de mentonnière, à un gros nœud placé au-dessus de la tête, et une longue corde rattachait ce nœud à une perche de neuf mètres de long, installée à quelque distance du patient. Une fois la corde accrochée à l'extrémité de la perche flexible, le corps se redressait bon gré mal gré...

Alors, l'exécuteur faisait son apparition armé d'un sabre à courte lame.

Après avoir tracé sur le cou du patient une ligne circulaire avec de la craie, il s'éloignait de quelques pas, mesurait la distance et étendait deux fois son arme jusqu'à l'endroit où il voulait frapper; puis, d'un seul coup rapide, fauchait la tête qui, rebondissant, allait s'abattre au loin comme lancée par un javelot.

On fit bouillir les têtes pour en détacher les chairs, et les crânes servirent d'ornement macabre aux piquets plantés autour de la tombe du chef.

Un missionnaire, le P. Allaire, donne le portrait d'un féticheur bourreau : « Dans sa chevelure crépue sont plantées plus de deux cents plumes de couleurs différentes. Ses yeux sont encadrés de larges traits blancs; sur son front et ses joues se dessinent des arabesques rouges contrastant avec le noir de sa peau; ses jambes et ses bras nus sont décorés de grosses lignes jaunes et rouges. Pendant toute la durée des préparatifs et de l'exécution, il gesticule en répétant un chant de mort rythmé. »

Chez les nègres de la Guinée également les funérailles des chefs sont accompagnées d'une ivresse sanglante. « Nous nous rendîmes vers midi, raconte un témoin oculaire [1], à la place du marché : les vautours volaient au-dessus de deux cadavres décapités, à peine refroidis. Plusieurs groupes, de cinquante à cent femmes, exécutaient une danse, dont les mouvements ressemblaient un peu à ceux des patineurs. D'autres femmes portaient sur leur tête les riches vêtements de la défunte, pliés dans des vases d'un cuivre brillant.

« Ces femmes, dont l'aspect rappelait celui des Furies, avaient la figure, la poitrine et les bras barbouillés, les unes de sang véritable, les autres de terre rouge. La foule était immense; le bruit des tambours, des cors et des armes à feu, les hurlements, les gémissements, les cris de toute sorte redoublaient l'impression d'horreur qui remplissait nos âmes. Le croirait-on? l'apathie se peignait plus souvent que le désespoir dans le regard des malheureux destinés à périr...

' Relat. de M. Rodwich, envoyé anglais.

« Un vieux *odumata* (prêtre), qui passait couché dans son hamac, nous recommanda de bien observer ce qui allait se passer. A l'instant on annonça l'arrivée du roi sur la place; et la foule se précipita au-devant du cortège royal. *Treize victimes*, escortées d'exécuteurs vêtus de noir, étaient groupées à la gauche du roi. Tout à coup, une décharge de mousqueterie retentit près du roi, et fut répétée sur toute la ligne... Les bourreaux se disposèrent à remplir leur fonction. Nous fûmes frappés de l'air impassible avec lequel la première des victimes supporta la torture, lorsque la lame acérée d'un long couteau lui perfora les joues. Ensuite l'exécuteur, saisissant un sabre, en abattit la main droite du patient, qui tomba à terre; enfin, de son glaive il lui coupa le cou. Successivement les douze infortunés restant subirent leur supplice. En outre, des femmes furent immolées sur le lieu même de la sépulture, l'usage étant d'arroser de sang la fosse, en l'honneur du Génie de la Terre. Après que l'on eut aligné au fond du trou des têtes humaines formant un pavage funèbre, un esclave étourdit l'un des porteurs du défunt, en lui assénant par derrière un violent coup sur la nuque : le malheureux tomba sur le cadavre et la fosse fut aussitôt comblée. »

Tout cela a pour but de se rendre les génies favorables, et de donner à l'esprit du défunt « des compagnons pour se distraire dans la région des ténèbres ».

En prenant possession du trône, le roi Behanzin avait informé le Dr Bayol de son intention de tuer *cinq mille captifs* en signe de réjouissance populaire. Voici le récit que M. Euschard a fait de ces fêtes barbares :

« Le son du gong annonça aux populations que la *Grande Coutume* allait commencer. Dès le point du jour *cent* hommes furent mis à mort et autant de femmes massacrées. On jeta ensuite dans le sépulcre royal soixante hommes *vivants*, cinquante moutons, cinquante chèvres et quarante coqs. Le nouveau roi, pendant ce temps, se promenait autour de son palais, et ses soldats des deux sexes c'est-à-dire ses amazones et sa milice masculine, faisaient partir des salves de coups de fusil.

« Quand il revint près du tombeau, on massacra encore devant lui cinquante esclaves. En quelques jours plus de *cinq mille* êtres humains furent ainsi égorgés, les femmes dans l'intérieur du palais, les hommes sur de vastes terrasses, élevées au milieu de la place du marché principal. On allait accrocher les têtes aux portes du palais, comme décoration, et aussi à titre d'hommage, dès qu'elles étaient tranchées.

« ... Bien reçu par le Bàhoudou, je fus conduit sur la place où tant de malheureux avaient succombé le jour précédent. Puis on me fit monter sur une haute plate-forme vis-à-vis de laquelle étaient alignées des rangées de têtes humaines : tout le sol du marché était saturé de sang! Ces têtes étaient celles des captifs sur qui l'on avait épuisé l'art infernal des tortures... Ce n'est pas tout! On apporta vingt-quatre mannes ou *corbeilles* contenant chacune un homme vivant, dont la tête seule passait au dehors. On les aligna un instant sous les yeux du roi, et on les précipita l'un après l'autre du haut de la plate-forme sur la place où la multitude dansant, chantant et vociférant, se disputait cette aubaine, comme en d'autres contrées les enfants s'arrachent des dragées de baptême. Tout Dahoméen assez favorisé du sort pour saisir une victime et lui *scier la tête*, pouvait aller échanger à l'instant même son trophée contre une filière de monnaie de cauris[1], donnée à titre de prime. A la fin, eut lieu une grande revue, à laquelle prit part toute l'armée composée de cinquante mille combattants, dont dix mille amazones. Une fois la revue terminée, trois groupes de captifs furent encore martyrisés, c'est-à-dire qu'on leur détacha peu à peu la tête avec des couteaux ébréchés pour faire durer l'épreuve plus longtemps! De tous les spectacles il n'en est point de plus épouvantable que celui-là. »

« A Abomé, capitale du Dahomey, lors de ces fêtes de sang, écrit de son côté M. Courdioux[2], missionnaire au Bénin, tous les jours, à droite et à gauche de l'entrée du palais du roi, sont placées, sur deux petits tertres, quatre ou cinq têtes fraîchement coupées. Ces morts ont, paraît-il, une *mission* à remplir dans le monde des Esprits : l'une des âmes est censée dépêchée aux femmes du père du roi; une autre, aux soldats du monarque défunt; d'autres encore, auprès de ce dernier pour son service quotidien. La nuit, de nouvelles victimes sont abattues dans la cour du palais; le canon, tiré à des intervalles fixes, sert d'avertissement. Comme réjouissance on

---

[1] Petite pièce valant environ 2 fr. 50.
[2] *Miss. Lyon*, p. 478.

dresse des potences sur les places publiques :
on les garnit de cadavres, et le roi, porté en
hamac par ses amazones, prend plaisir à passer sous ces hideux arcs de triomphe !

« Puis le despote et ses ministres distri-
buent des présents au peuple : des pièces
d'étoffe, des verroteries, des chèvres, des
caïmans, et aussi des hommes ou des femmes liés jusqu'au cou dans des paniers plats.
Assis sous un grand parasol, le roi fume
tranquillement, pendant que ses ministres
chargent ces malheureux de commissions
pour l'autre vie. Au signal donné par le souverain, les paniers sont lancés à la foule
d'une hauteur d'au moins six à sept mètres...
Alors commence une scène inouïe ! Cabécères
et particuliers, hommes, femmes, enfants se
précipitent sur les victimes, se les arrachent,
les dépècent, et *se repaissent parfois de
membres encore chauds et palpitants...! »*

Dès qu'un roi du Dahomey succombe, lit-
on dans une autre relation [1], on lui érige un
cénotaphe au milieu duquel se dresse un cercueil *en terre pétrie dans le sang d'une cen-
taine de captifs*, destinés à servir dans l'autre
monde de gardes au souverain. Le corps du

[1] *Rev. de Géog.*, janv. 1879.

défunt est placé dans le cercueil, la tête sur les crânes des chefs qu'il a vaincus.

Dans le cénotaphe, on entasse le plus d'ossements possible, puis on y fait entrer huit danseuses de la cour et cinquante soldats. Ces individus des deux sexes s'offrent, « volontairement », dit-on, en sacrifice aux mânes du roi mort, considérant comme un honneur insigne d'accompagner leur maître dans le royaume des ombres.

Durant dix-huit mois, le prince héritier ne gouverne qu'en qualité de régent: ce terme expiré, il se rend publiquement au caveau de son prédécesseur, le fait ouvrir, en retire le crâne du défunt: puis, brandissant son épée, il se proclame roi.

A cette occasion *des milliers de victimes humaines, destinées à porter au feu roi la nouvelle du couronnement de son successeur, sont immolées,* pendant qu'avec de l'argile mêlée à leur sang, on modèle un grand vase dans lequel le crâne et les os du feu roi sont définitivement enfermés et scellés. Cette cérémonie terminée, les massacres commencent dans tout le royaume.

A Wydah, un marin est précipité dans la mer, en même temps que deux gardiens du port : ces morts sont destinés à guider le roi défunt au cas où il voudrait aller sur la mer.

Au Dahomey encore, quatre hommes, accompagnés d'un *daim*, d'un *singe*, et d'un *oiseau*, sont amenés devant la tombe royale !

Tous, excepté l'oiseau, ont la tête tranchée sur-le-champ, avec ordre spécial d'aller informer les Esprits de tout ce que le roi se propose de faire en l'honneur du défunt.

Un des hommes sacrifiés doit aller l'annoncer aux Esprits qui fréquentent les marchés du pays ; le second aux animaux qui vivent dans les eaux ; le troisième aux esprits qui voyagent sur les grandes routes ; et le quatrième aux habitants du Firmament. Le daim doit s'acquitter de la même mission auprès des quadrupèdes qui parcourent les forêts ; et le singe, grimper jusqu'au sommet des arbres pour instruire ses pareils. Quant à l'oiseau, plus heureux que ses compagnons, il est rendu à la liberté, afin que, s'élevant dans les airs, il raconte les mêmes choses aux êtres qui les habitent.

Ainsi, l'univers entier pourra connaître le programme des fêtes que l'on prépare...

Au fond de ces aberrations, si lamentables soient-elles parfois, le philosophe peut discerner deux notions instinctives, hélas! bien déviées : la croyance à la survivance des

âmes, et à l'efficacité des sacrifices propitiatoires.

En dehors des Coutumes, le roi nègre dé-
pute souvent vers ses ancêtres l'âme de
messagers divers, soit une femme, soit un
esclave, *en vue simplement de tenir les morts
au courant de ce qui ce passe sur la terre...*

Les malheureux émissaires sont donc, en
quelque sorte, des « reporters » pour l'autre
monde.

Et ce n'est point là une exagération, assure le P. Baudin : « Un jour le roi du Dahomey, après avoir expédié à son prédécesseur
les courriers que l'on sait, se rappela avoir
oublié dans ses recommandations un détail
insignifiant... Une vieille femme passait près
de là portant un pot d'eau sur la tête. Le roi
l'appelle, et lui donne ses instructions pour
les régions mystérieuses. L'infortunée, toute
tremblante, prie et supplie qu'on lui fasse
grâce : « — Je n'ai fait aucun mal, dit-elle.
— Je le sais, répond le roi, mais j'ai besoin
que tu ailles près de mon père ; pars et
dépêche-toi de mourir... » Il n'y avait pas
à résister : la pauvre créature se mit à genoux, avala une demi-bouteille d'eau-de-vie,
et, sur un signe du roi, le Méhu lui trancha
la tête.

Quand ce sont des vaincus qu'on a désignés pour ces missions posthumes, il se passe des scènes de barbarie hideuses : au lieu de la mort simple, c'est la torture raffinée : « A Porto-Novo, raconte le P. Baudin, j'ai assisté à des funérailles royales qui durèrent neuf jours, et coûtèrent la vie à de nombreuses victimes : *l'une fut écorchée vive, et de sa peau on fit un tambour, pour servir dans les cérémonies.* »

Le roi du Dahomey était gardé dans ses palais par une petite armée de femmes-soldats qui, vouées à un éternel célibat, pourraient s'appeler des vestales guerrières.

La garde prétorienne du chef dahoméen a su s'illustrer dans de nombreuses batailles, et les guerriers n'ont pas un courage plus grand ni un cœur plus indomptable que ces femmes, dont toutes les pensées sont des projets de luttes et de combats.

Les amazones étaient recrutées parmi les jeunes captives confiées aux femmes du roi.

Leur costume consistait en un gilet sans manche, un pantalon très court recouvert d'un pagne, long en temps de paix, rétréci en temps de guerre, et un bonnet sur lequel était brodé un caïman ou un animal quelconque. Ces amazones vivaient dans les différents palais du roi à Abomey. Leur nombre en tant que « gardiennes » ne dépassait pas 1.500.

Les amazones jalousaient beaucoup les guerriers ; elles faisaient les mêmes exercices, qu'eux, et, dans leurs chants de guerre, elles disaient à leur maître : « Tu es plus fort que le lion, et, sous tes ordres, aucun prodige n'est impossible. »

Elles lui juraient de se jeter sur ses ennemis dans la prochaine bataille, et d'aller à travers les balles « *dévorer le fusil de leurs adversaires* ».

Ces déclarations emphatiques plaisaient beaucoup à Sa Majesté dahoméenne, paraît-il.

Les armes à feu leur étaient nécessaires pour résister à nos soldats ; mais les armes préférées dans leurs expéditions régionales contre les tribus voisines étaient l'assommoir (*aglopo*) ou encore d'énormes coutelas.

La chute de Behanzin, de ses ministres, de ses féticheurs et de ses amazones, prête un grand intérêt à l'hymne guerrier qui retentissait, il y a peu d'années encore, à l'approche de nos intrépides fantassins :

« Dahomey! Dahomey! tu es le maître de l'univers. Tes filles courageuses ne reculent jamais devant l'ennemi.

« Dahomey! Dahomey! tes filles sont plus courageuses que les hommes. Les lionnes sont plus terribles que les lions, car elles ont leurs petits à défendre. Et nous, les amazones, nous avons à défendre le roi, notre roi et notre Dieu. Ki-ni-Kinihini!

« L'ennemi fuira devant nous. Et nous reviendrons victorieuses, en apportant des têtes sanglantes pour les offrir aux fétiches.

« Dahomey, tu seras le maître de l'univers[1]! »

Cette « Marseillaise » dahoméenne ne manque pas de noblesse et de saveur; elle prouve en tout cas que ces terribles sauvages ont un sens poétique qu'on n'aurait point soupçonné.

Terminons par quelques lignes tirées du journal de voyage d'un témoin oculaire[2] : « Pendant une nuit, on avait fait construire dans la ville des baraques en paille, qu'une immense toile blanche recouvrait. En approchant de ces baraquements, nous pûmes constater avec effroi que quatre-vingt-sept prisonniers, pieds et mains liés aux montants qui soutenaient la toiture de ces cases, at-

---

[1] Chant de guerre, recueilli par M. Vigné d'Octon.
[2] Extrait de la relation de M. Angot, secrétaire de M. Bayol en 1890, mort au Sénégal où il était administrateur colonial.

tendaient l'heure du trépas... Une amazone âgée d'environ vingt ans s'avança résolument vers deux hommes qui tenaient un condamné : on voulait éprouver cette nouvelle recrue, qui n'avait point encore eu l'occasion de tuer personne. Armée d'un sabre bien aiguisé, qu'elle tenait à deux mains, elle frappa ce condamné. Alors le bourreau (*mingan*) fit ramasser à terre la tête qu'on emporta pour la placer dans le palais du roi; quant à la jeune amazone, qui venait ainsi de conquérir son brevet d'habileté, *elle essuya avec sa main le sang resté sur son sabre, et le but sans sourciller.* »

Pour les sauvages, en général, les maladies et la mort, dès qu'elles présentent un caractère exceptionnel ou même accidentel, sont réputées le résultat d'un sort : aussi estiment-ils que le devoir des survivants est d'apaiser, soit l'esprit malin, soit les âmes des défunts.

Voici, entre autres, l'acte dont s'est rendu coupable un des chefs du Gabon, le roi Denis. « Dominé par les préjugés de son pays, qui font considérer le trépas comme étant l'effet de quelque sortilège ou de breuvages empoisonnés, et qui veut que l'on apaise les mânes par des immolations d'esclaves, le roi Denis résolut, lors du décès de l'une de ses femmes qu'il chérissait le plus, de faire *enterrer toute vive sous le cercueil, une jeune esclave d'environ quatorze ans.* Il croyait par là honorer la mémoire de l'épouse qu'il regrettait [1]. »

A Bonga, tout près de Liranga, on garrotte la victime avant de l'immobiliser par terre; on lui place un fort morceau de bois sur la gorge, et l'exécuteur, s'arc-boutant à l'aide de sa lance, appuyant ses pieds sur les deux extrémités du bois, étrangle le malheureux.

Si un chef veut aller à la chasse, il réunit les amis qui doivent l'accompagner; mais, avant de partir, il faut du sang pour le succès de l'expédition. On fait venir un petit esclave de dix à douze ans, et on lui scie la gorge avec un vulgaire couteau [2].

Sur la côte des Esclaves, les Noirs offrent des hécatombes d'hommes, principalement à Ogun, dieu de la guerre et frère de Chango, dieu du tonnerre. La rivière Ogun qui coule devant Abéocouta lui est consacrée, ou plutôt lui et la rivière ne sont qu'une seule et même chose.

Ogun est le premier qui ait appris aux

[1] *Le Gabon.* (Miss. cath. Lyon.)
[2] M. A. Allaire, miss. apost.

Noirs à travailler le métal. Son symbole est le *fer* et plus particulièrement un couteau, un sabre, ou un pieu surmonté d'une clochette.

Il a à Porto-Novo un temple consistant en une misérable hutte ronde, couverte de paille, avec une natte suspendue en guise de porte. Tout autour s'élèvent les cases de ses prêtres. A l'intérieur, gît un monceau d'antiques ferrailles sur lequel les prêtres versent de temps en temps de l'huile de palme : le féticheur met de l'huile *dans un crâne humain*, s'emplit la bouche de ce liquide et le lance avec force sur ces vieux fers.

Quand Ogun a faim, il lui faut de la chair humaine : alors on fait la guerre, et un certain nombre de prisonniers sont voués à la mort. Une fois cloués par les pieds sur une poutre, ils sont exposés aux rayons du soleil. Dès qu'ils s'évanouissent, on verse de l'eau-de-vie sur leurs plaies vives! Et pendant ce temps, la foule saute et danse; quant aux captifs, ils restent là jusqu'à ce qu'ils aient rendu le dernier soupir[1].

Chez les nègres de la Guinée, les rites de ce genre se célèbrent plutôt la nuit... Le son

[1] D'après M. Courdioux, missionnaire au Bénin.

du tambour et les chants des féticheurs indiquent que le moment est venu de songer aux divinités. La victime est bâillonnée, et sa tête est tranchée de manière que *le sang jaillisse sur l'idole;* puis le cadavre est traîné et jeté dans des fossés ou dans les broussailles.

Auparavant, les féticheurs ont ouvert la poitrine, afin d'en extraire le cœur qu'ils gardent et font dessécher pour avoir des talismans ou *grigris*, et aussi pour inspirer de l'ardeur aux combattants; le cœur, ainsi réduit en poudre, est mêlé à de l'eau-de-vie, dont chaque chef offre une ration à ses guerriers.

Si le sacrifice s'adresse à la lagune ou à la mer, on lance le cadavre dans les eaux.

Quand il s'agit de conjurer les esprits mauvais, tel qu'Elegba, on dépose les entrailles devant l'idole, et le corps demeure suspendu à côté du dieu jusqu'à complète putréfaction. « Ces lugubres pratiques ont lieu sous différents prétextes. Un jour, par exemple, un prince des forêts, se trouvant malade, avait consulté Ifa : la réponse des sorciers fut que la maladie venait d'un esprit irrité, et qu'elle ne cesserait pas avant qu'on eût offert un être humain : et l'oracle fut obéi.

« Un autre prince, en guerre contre Porto-Novo, voyant ses soldats découragés, interrogea ses féticheurs, qui lui dirent de recourir à un talisman ; pour le préparer, on s'empara d'un petit enfant pendant que sa mère, une jeune esclave, était allée puiser de l'eau. *L'enfant fut pilé vif* dans un mortier, et les sorciers en composèrent des charmes pour le prince et ses soldats. »

On comprend l'ardeur de nos missionnaires quand ils se disent qu'en portant dans ces régions la loi de charité, ils peuvent conjurer de telles abominations.

Parlons maintenant d'un autre genre de sacrifices, celui des veuves indiennes sur le bûcher de leurs époux : il porte le nom de *sutty*[1].

Les brahmanes s'appliquent à suggérer aux femmes un dévouement absolu à leur mari, au point de leur persuader qu'elles ne doivent pas survivre à leur époux : du moins la coutume existait il y a peu de temps encore. « Celle, disent-ils, qui monte sur le bûcher s'égale à Aroundhenti, la femme de Vashisht, et mérite par là d'aller habiter le

---

[1] En hindou, *suttee*.

ciel et d'y vivre pendant trois *cotis* et demi, ou trente-cinq millions d'années, dans la compagnie de son mari (c'est-à-dire, d'après eux, autant qu'il y a de pores sur le corps humain). Un tel sacrifice purifie trois générations successives ; et alors même que l'époux aurait commis les pires forfaits, fût-ce le meurtre d'un brahmane, il serait pardonné, « grâce à sa veuve [1] ».

Les sutties furent pratiquées dans tout l'Indoustan jusqu'en l'année 1824, d'une manière régulière. Citons quelques épisodes rétrospectifs.

En 1710, quand mourut le prince de Marava, âgé de plus de quatre-vingts ans, *ses quarante-sept femmes se brûlèrent*, avec la dépouille du prince [2]. On creusa à cet effet, hors de la ville, une grande fosse que l'on remplit de pièces de bois entre-croisées ; on y plaça le corps du défunt, richement couvert, et l'on y mit le feu.

Alors parut la troupe infortunée des femmes, ornées de pierreries et couronnées de fleurs. Elles tournèrent plusieurs fois autour du bûcher dont l'ardeur se faisait sentir de fort loin.

---

[1] *Cur. theol.*, Ch. Delahaye.
[2] Lett. du P. Martin, 1710.

La principale des femmes tenait l'épée du défunt, et s'adressant à l'héritier du trône : « Voilà, lui dit-elle, l'arme dont le prince se servait pour triompher de ses ennemis : ne l'employez jamais qu'à cet usage... Puisque le roi n'est plus, rien ne doit me retenir dans ce monde, et il ne me reste qu'à le suivre... » A ces mots, se tournant vers le bûcher, et invoquant ses dieux, elle s'élança au milieu des flammes.

La seconde était sœur du prince rajah, nommé Toudoman. Regardant d'un œil assuré tantôt le bûcher, tantôt les assistants, elle dit à haute voix : *Chiva! Chiva!* et se précipita dans le bûcher comme la première ; les autres femmes la suivirent de près. Une d'elles, cependant, affolée de terreur, courut prier un soldat chrétien de la sauver. Celui-ci fut si troublé que, repoussant sans y penser la suppliante, il la fit tomber involontairement dans le brasier.

Malgré l'intrépidité qu'elles avaient d'abord fait paraître, ces femmes ne sentirent pas plus tôt les atteintes cuisantes du feu que, faisant entendre des cris déchirants, elles s'efforcèrent de saisir le bord de la fosse. Le bourreau jeta alors sur leur tête quantité de pièces de bois, soit pour les accabler, soit pour augmenter l'embrasement, et bientôt on n'entendit plus un seul cri...

Quand les corps furent consumés, les brahmanes s'approchèrent du bûcher encore fumant, et pratiquèrent des rites superstitieux.

Le lendemain, ils recueillirent les ossements calcinés mêlés aux cendres refroidies, et, les ayant renfermés dans des toiles, les portèrent à Ramesuren, puis les jetèrent dans la mer. Près du bûcher on bâtit un temple, où l'on offrit chaque jour des sacrifices en l'honneur du prince et de ses femmes, mises dès lors au rang des déesses.

Il était admis que les épouses indiennes se livraient aux flammes volontairement; en réalité, il n'était guère en leur pouvoir de s'en dispenser. La coutume enracinée, le point d'honneur, la crainte d'être vilipendées, leur faisaient comme un devoir de cette résignation.

Si quelqu'une, dit le P. Martin, tâchait de se soustraire à cette mort inhumaine, ses parents mêmes intervenaient pour l'y forcer afin de conserver « la dignité de la famille ».

Aussi lorsqu'on les voyait sur le point de faiblir, leur administrait-on un certain breuvage enivrant, appelé *hang* [1], capable, par sa vertu stupéfiante, de bannir toute crainte de la mort.

Dans ce pays, les femmes du peuple étaient, à cet égard, plus heureuses que les princesses et les épouses des grands, cette loi barbare ne les regardant point; et celles qui, par exception, s'y assujettissaient, n'étaient guidées d'ordinaire que par la vanité ou par l'espoir de s'attirer une gloire posthume, et de mériter un monument somptueux, sur le lieu même du sacrifice.

« En revenant de Chitpour, dit un voyageur, je vis, vers 6 heures du soir, une foule d'Indous groupés sur le bord de la rivière, et j'appris qu'on allait célébrer un *sacrifice de veuve*. N'ayant jamais été témoin d'un pareil spectacle, je dirigeai mon bateau vers le lieu du rassemblement, moins dans le but de satisfaire une curiosité malsaine, que d'empêcher, s'il était possible, l'infortunée de consommer son suicide. Je m'informai de ce qu'il serait opportun de tenter en sa faveur : mais on me dissuada de rien entreprendre, attendu que la veuve avait nettement exprimé le désir d'être brûlée avec le corps de

[1] Sorte d'infusion de lin et d'opium.

son mari, et que l'autorité avait permis l'accomplissement de ce vœu... J'aperçus alors une vieille femme, plus morte que vive, assistée d'une autre femme, et entourée de trois hommes qu'on me dit être ses parents. Le cortège étant parvenu au bord de la rivière, on vida des cruches d'eau sur la tête de la victime, et on lui mit dans la main un paquet de feuilles qu'elle pouvait à peine soutenir; ensuite, après lui avoir retiré ses ornements, on l'approcha du bûcher où était étendu le corps de son mari. Alors, excitée par les vociférations de la foule, elle monta sur ce lugubre autel, où elle fut attachée avec une corde au cadavre même. Aussitôt elle disparut, ensevelie sous une masse énorme de paille et de bambous secs auxquels on mit le feu : la flamme s'éleva intense à travers les tourbillons de fumée, et, en peu de temps, l'œuvre de destruction fut achevée. »

Un rajah de Brahmapour venait de mourir. Il resta exposé durant deux jours sur un char, pendant que les brahmanes annonçaient au peuple que l'épouse du défunt avait l'intention formelle de partager le bûcher de son maître et seigneur[1]. Dans l'après-midi du

---

[1] *L'Inde pitt*. (Jour. des V., n° 69.)

troisième jour, les prêtres du faux dieu, suivis de musiciens, transportèrent le corps du rajah de Brahmapour jusqu'à l'endroit où devait avoir lieu la cérémonie suprême. Derrière le char s'avançait la veuve du rajah se soutenant à peine, et poussée par deux fanatiques. On arriva ainsi devant la pagode près de laquelle un empilement de bois de santal avait été disposé.

Le combustible imprégné d'huile parfumée devait rapidement s'enflammer et dévorer les proies qui lui seraient livrées.

Pendant la nuit, la veuve, enfermée dans une pagode, était constamment enivrée de *hang* capiteux afin de mourir sans effroi. Aux premières lueurs du jour, la porte de la pagode s'ouvrit, et le brahme-chef sortit le premier, tenant dans ses mains une torche allumée.

Deux autres prêtres suivaient, en traînant la veuve, escortée elle-même de quatre autres victimes.

A ce moment, l'épouse du rajah, ressentant un sentiment d'épouvante bien naturel, se rejeta en arrière; mais les brahmanes s'emparèrent d'elle et la couchèrent violemment sur les bois préparés, auxquels celui qui portait des torches se hâta de mettre le feu.

Une grande clameur générale ne cessa de se faire entendre que quand les cris des cinq femmes ne furent plus perceptibles.

Dès qu'on put approcher, la foule se rua sur le bûcher, afin de s'emparer d'un fragment de la *suttee*, comme d'un talisman efficace [1].

Le nombre des temples dédiés à ces veuves, dites immolées volontaires, est très considérable : partout le long des rivières de l'Inde, on en rencontre.

Durant de longues années, les Anglais assistèrent passivement, et même officiellement, à ce mode de suicide, usité chez les femmes indiennes [2].

Pourtant c'est à l'administration de lord William Bentinck qu'on doit reporter l'honneur du règlement interdisant ces sauvageries dans les possessions anglaises.

En 1829 le colonel Sleeman, chef du district de Jubulpore, reçut une pétition, signée des chefs d'une illustre famille de brahmanes de la contrée, demandant que la veuve d'un de leurs parents prît place sur le bûcher destiné à incinérer le corps de son mari. Le colonel

[1] *Loc. cit.*

[2] Les Anglais expliquent leur attitude par l'engagement, pris par eux, de ne pas intervenir dans les rites religieux des peuples placés sous leur protectorat.

ayant refusé l'autorisation, la veuve déclara qu'elle se laisserait mourir de faim ; puis, se ravisant, fit renouveler près de l'officier les sollicitations les plus pressantes, qui finirent par émouvoir toute la région.

Voulant tenter un dernier effort pour la détourner de son projet fanatique, Sleeman se rendit près de cette femme.

En vain épuisa-t-il tous les arguments que l'humanité lui suggéra : rien ne put ébranler la décision de l'indienne [1]. « Il n'y a plus en moi, répondit-elle avec exaltation, qu'un peu de terre que je désire mêler aux cendres de mon mari, car mon âme m'a quittée. Le feu sera sans douleur pour mon corps; et si vous en doutez, faites approcher un brasier, et vous verrez que mon bras sera consumé sans qu'il sorte de ma bouche la plus légère plainte. »

Le colonel, voyant qu'il ne pourrait rien obtenir, céda; mais demanda au chef de la famille de s'engager, par écrit, à ne plus jamais permettre dans l'avenir la coutume de la *suttie* parmi les siens.

A peine la veuve eut-elle appris que l'autorité lui laissait accomplir son vœu, qu'elle en

[1] *Annales médic.-psychol.*, oct. 1854. — *Du suicide*, par de Boismont.

manifesta une grande joie. Arrivée près de l'ardente fournaise, tout en mâchant une feuille de bétel, elle lança dans le feu les fleurs et le collier qu'elle portait, récita à voix basse une invocation, et vint se coucher au milieu des flammes sans même laisser entendre un gémissement.

En terminant, signalons un usage intéressant, pratiqué à l'occasion de la signature des traités avec certaines tribus africaines : nous voulons parler de l'*échange du sang*.

Un fonctionnaire au Congo français, M. Dunod, a raconté comment cet échange accompagne d'ordinaire les pactes d'amitié, conclus entre la France et les chefs sauvages qui acceptent notre protectorat.

« Le cérémonial qui accompagne la signature du traité et la remise du pavillon varie suivant la peuplade. En ce qui me concerne, dit M. Dunod, voici la manière dont les choses se sont passées, sur la rivière Djondo, affluent de droite de l'Oubanghi[2] : A mon entrée dans le village, le chef m'offre un siège; il s'assied en face de moi, et l'on dispose devant nous, sur le sol, une large feuille de

---

[1] Conf. à la Soc. de géogr., par M. Dunod.

bananier sur laquelle sont placés un morceau d'*ocre rouge*, du *sel* et une *gousse* cueillie sur un arbre fétiche : il ne reste plus qu'à procéder à l'échange du sang... Le personnage qui remplit les fonctions d'opérateur s'arme d'un grand couteau, racle la gousse fétiche et en mélange la poudre, au sel déposé sur la feuille de bananier.

« Pendant ce temps, mon bras droit est mis à nu jusqu'au-dessus de l'épaule, et le chef, avec le morceau d'ocre, y trace vivement une large raie rouge. L'opérateur me saisit l'avant-bras, pince les chairs entre le pouce et l'index de la main gauche, et, avec son couteau, pratique une entaille sur la partie qui fait saillie entre ses doigts. Comme le sang coule, les visages s'épanouissent ; s'il n'en était pas sorti en quantité suffisante, on eût fait une nouvelle piqûre. A son tour, le chef subit une incision semblable. Ce n'est pas tout ! *chacun des contractants boit le sang de son allié*, après que la plaie a été saupoudrée de sel. Enfin, appliquant blessure contre blessure, on se frotte respectivement le bras, en prononçant le mot *Zin*, qui veut dire *ami*. »

M. Dunod, le long de la rivière Djondo, conclut ainsi des traités de protectorat avec seize peuplades différentes ; et pour chacun il lui fallut faire l'échange du sang avec les chefs, au grand préjudice de son bras autant de fois taillardé, et fortement enflé.

Relatant un épisode de son passage au Congo[1], le jeune duc d'Uzès écrivait : « Le chef du village voulait faire échange du sang avec nous; mais mon compagnon Julien s'est contenté de se frotter vigoureusement le bras contre celui du chef. Cet incident m'amène à parler de cet échange, très en honneur chez les populations oubanghiennes. Si deux personnes veulent s'unir d'une amitié éternelle, elles se placent côte à côte : un féticheur, à la foi prêtre, médecin et chirurgien, s'avance au milieu de la foule assemblée, et fait une petite incision, avec un canif, à l'avant-bras de chaque contractant. Tous deux mettent alors en présence les lèvres de leurs plaies, de façon que le frottement opère le mélange du sang... Le chef du village portait environ cent dix cicatrices de ce genre. »

On raconte qu'au Dahomey certaines sectes de féticheurs, afin de se rendre clairvoyants et de deviner l'avenir, cherchaient avidement l'occasion de boire du sang humain. Dans ce but, le féticheur muni d'une calebasse assis-

[1] Voyage du duc d'Uzès, 1895.

tait aux exécutions ; et, dès que la tête tombait, *il remplissait de sang humain son récipient et le vidait à longs traits*, persuadé du pouvoir que lui infuserait ce breuvage horrible [1].

Il existe en Guinée de nombreuses sociétés secrètes, où l'initiation s'appelle aussi le « mélange du sang ». Tout nouvel adepte se fait une légère blessure et mêle son sang à celui de l'initiateur. Ce pacte occulte est réputé indissoluble.

Dans les villes du Yomba, ces associations, très fortement organisées, ont parfois obligé les pouvoirs publics à de violentes répressions, car elles sont étroitement unies aux plus grands chefs des principales sectes religieuses : de là l'influence qu'exercent certaines classes de prêtres et de prêtresses sur des contrées immenses [2].

Pour traduire la signification et la portée de cette sorte de consanguinité, née d'une convention ou d'un accord, les Noirs emploient une expression fort remarquable : ils appellent les contractants des *frères volontaires*.

[1] Ed. Foa.
[2] *La Côte des Esclaves.* Miss. C. Lyon. — V. aussi le R. P. Holley, sup. de la miss. d'Abéokouta.

CHAPITRE VI

ANTHROPOPHAGES D'AUTREFOIS ET CANNIBALES
MODERNES

Les premiers hommes étaient-ils anthropophages? — Étude d'après les découvertes préhistoriques. — Les grands singes ne sont pas carnivores : une remarque à ce sujet. — L'anthropophagie est-elle causée par la faim? — Le cannibalisme chez les Hurons, les Caraïbes, les Malais, les Iroquois, les Bassoutos, les Boschimans, les Vitiens, les Niams-Niams. — Abattoirs et marchés de membres humains. — Histoire de la mission Hodister. — Le cannibalisme dans l'ancienne Chine. — Opinion des Peaux-Rouges sur la chair humaine. — Actes de cannibalisme par des Européens affamés. — Les forfaits de Kra-nda (Œil-de-Lièvre). — Le mangeur d'hommes au Fort-Providence. — Mœurs sanguinaires des Mombouttous. — Enfants grillés pour la table royale. — Mounza, roi des anthropophages. — Aliment de cervelle humaine chez les Canaques. — Les anthropophages du Haut-Cavally et du Congo. — Sauvageries des femmes N'asakaras et des Boudjos, d'après la mission Marchand. — Le cannibalisme jugé par les missionnaires.

Certes, immoler son semblable par vengeance est déjà chose odieuse; mais quelle indignation plus profonde encore ne doit pas inspirer le sauvage appétit de chair humaine, qui a nom *anthropophagie!*

Et cependant le doute n'est point possible : sur divers points du globe, des êtres appartenant à notre espèce ont trouvé et ressentent encore une abominable jouissance à boire du sang de leurs frères, à se repaître de leur chair déchirée en lambeaux, comme feraient les fauves les plus cruels du désert.

Au début de ce chapitre se pose une grave question : *les peuples primitifs étaient-ils cannibales...?* Par goût ou par besoin étaient-ils incités à s'entre-dévorer?

Oui, répond une certaine école (toujours empressée quand il s'agit de nous assimiler aux êtres inférieurs) : durant des phases plus ou moins longues de leur existence, les premières sociétés pratiquèrent cet usage...

La meilleure manière d'éclairer le problème consiste à interroger les récentes découvertes préhistoriques. La paléontologie[1] peut-elle nous fournir quelques indications à cet égard? Dans les cavernes de Chauvaux en Belgique, et d'Arbas de l'Herm, on a trouvé des ossements humains plus ou moins carbonisés, ou fendus pour en retirer la moelle, croit-on, plusieurs de ces os portent, vers les extré-

---

[1] Science des êtres anciens.

mités spongieuses, des traces de dents[1]...

Aux environs de Lourdes, de Bruniquel et dans d'autres endroits, mêmes remarques ont été faites par divers savants, qui en ont conclu au cannibalisme originaire.

Capellini en Italie, Richard Owen en Écosse, Spring en Belgique, etc., partagent cette manière de voir.

Malgré l'opinion de ces auteurs, l'anthropophagie aux âges primitifs n'est nullement établie.

On constate, par exemple, que des os humains ont été rongés... Soit! mais par qui? Par d'autres hommes, ou par des animaux rongeurs?

Or on ne peut sans témérité affirmer, d'après l'examen des seules traces, que la dent qui s'est attaquée à l'os était bien une dent humaine.

D'ailleurs, pour d'autres savants le fait

---

[1] M. Marion, dans une station de l'âge du renne à Saint-Marc, près d'Aix en Provence, a découvert des os humains dans des foyers préhistoriques; et pour lui, ce serait la preuve qu'à l'époque *archéolithique*, dans les environs de cette station, les populations vivaient de chair humaine; il signale à l'appui de sa thèse ce fait : c'est qu'il n'y pas de trace de sépulture dans la région... Ne peut-on pas répondre que s'il n'y a point de sépultures, c'est parce qu'on brûlait les morts dans des *foyers*, qu'il serait plus exact d'appeler *bûchers*?

s'expliquerait de la façon la plus simple : « Les squelettes, dit M. Cartaillac, se trouvent quelquefois recouverts d'un enduit rouge, ce qui semblerait démontrer qu'il y a eu décharnement *préalable*, soit pour incinérer les chairs comme purification symbolique, soit pour qu'elles ne devinssent pas la pâture des carnivores. »

L'hypothèse de l'anthropophagie n'est donc pas nécessaire pour expliquer les marques signalées sur les os. Ces traces et ces brisures proviendraient du travail de dépècement, opéré au moyen des pierres ébréchées et des couteaux de silex, constituant l'outillage de l'époque.

M. de Mortillet ne croit pas non plus à l'anthropophagie originaire. En tout cas, la remarque de M. Cartaillac contient une judicieuse réponse à l'adresse de ceux qui attribuent à nos ancêtres cet appétit[1].

En résumé, pour l'honneur de l'humanité, il n'est nullement démontré que le cannibalisme ait placé les premiers hommes au rang des animaux féroces[2] : pourquoi alors s'ingénier à s'en rapprocher, en s'autorisant

[1] *Rev. quest. scient.* Bruxelles, XXV.
[2] Durant l'époque quaternaire le cannibalisme est resté inconnu. (M. de Mortillet.)

de la plus incertaine des présomptions, et de la plus problématique des hypothèses?

C'est que le désir, le vœu secret de contredire la notion traditionnelle d'un être humain appelé à des destinées supérieures, est la caractéristique d'une certaine école, ennemie acharnée des idées spiritualistes qu'elle entend battre en brèche par tous les moyens.

Au besoin, elle n'hésitera pas à soutenir des thèses contradictoires, c'est-à-dire à enseigner, tantôt qu'à l'origine les hommes se mangeaient entre eux; et tantôt que notre ancêtre était un pithécoïde...

Cependant si l'hypothèse était exacte, l'appétit *carnivore* devrait se montrer très accusé chez les grands singes.

Or, qu'il s'agisse des gorilles ou des chimpanzés de l'Amérique intertropicale; de l'orang, ou du gibbon de la Malaisie, tous au contraire se nourrissent exclusivement de feuilles, de fruits et de bourgeons.

Mais étant donné qu'il y a eu, et qu'il existe encore des peuplades dévorant leurs semblables. quelle est donc la cause vraie de cette férocité?

D'après quelques écrivains, l'anthropophagie serait née d'un appétit frénétique, d'une *fringale exaltée*, selon les expressions employées par plusieurs d'entre eux ; à défaut de nourriture suffisante, l'homme aurait eu l'idée de se nourrir de chair, pareille à la sienne.

Si admissible que paraisse d'abord l'idée, elle n'est peut-être point du tout exacte; et M. Toussenel dépasse assurément la mesure quand il écrit, à ce sujet, cette phrase inquiétante pour l'ordre social : « J'excuse tous les coupables qui ont faim. »

D'ailleurs ce n'est point sur les terres les plus arides, que le cannibalisme apparaît dans tout son développement et son intensité.

Ainsi il se rencontre chez les Hurons, les Caraïbes, les Iroquois, dans la Malaisie et la Nouvelle-Zélande, chez les Cafres Bassoutos, qui tous jouissent en abondance de fruits et de gibier variés ; chez les Monbouttous riches en bétail, et encore dans bien des îles de la Polynésie.

Et, parmi ces régions, il en est même d'exceptionnellement fertiles et productives en tout genre d'animaux et de végétaux.

Au contraire, sur d'autres terres presque incultes, les goûts de cannibalisme ne se montrent pas manifestes : tels sont les Boschimans, misérables au point d'être constamment affamés, et qui ne se nourrissent habituellement que de vers, de racines, de larves de fourmis, et de sauterelles.

De même, peut-on citer des peuples où la famine soit plus affreuse et l'indigence plus lamentable que chez les Esquimaux? en existe-t-il qui aient un plus pressant besoin d'« aliments azotés », pour permettre à leur organisme de résister au climat meurtrier qui engourdit leurs membres et en paralyse l'activité?... Et cependant, dans toutes ces plaines désolées, le sang de l'homme a été et demeure respecté, si effroyables que soient les tortures de la faim.

Nous ne parlons pas ici, bien entendu, des cas de famine, de sièges ou de naufrages dont nous nous occuperons bientôt, mais du fait habituel d'anthropophagie, car des épisodes isolés et exceptionnels ne constituent pas une coutume.

D'autres exemples encore prouveront que le cannibalisme ne vient pas seulement de la faim : aux îles Viti, sous un admirable climat, chez un peuple qui cultive l'igname et le taro, l'anthropophagie existait, il y a peu d'années, comme institution nationale.

A Mbau, capitale de l'île et résidence du roi Takamban, la chair humaine se débitait publiquement, sous les yeux du chef; les fours et marmites destinés à la cuire ne refroidissaient pas; et l'on voyait même des abattoirs où quotidiennement, et surtout aux jours de fête, on égorgeait des esclaves.

Plusieurs témoins oculaires rapportent en détail ces actes de sauvagerie [1].

De même dans les montagnes de l'Orissa [2], l'une des parties les plus cultivées de l'Inde, les populations se complaisaient à déchiqueter des victimes humaines [3], *qu'ils avaient préalablement engraissées* et dont on distribuait des lambeaux de chair à l'assistance en l'honneur de Béra, déesse de la terre!

Tous les peuples du Nord, comme le constate M. H. Révoil [4], ont en horreur la chair humaine.

Par contre, le cannibalisme est en usage chez les Maoris, dans la Nouvelle-Calédonie, chez les Fidjiens ou Vitiens, les Canaques; et dans l'Afrique centrale chez les Moubattos, les Niams-Niams et autres encore.

Les Battas de Sumatra se font une grande

[1] MM. Seeman et Pritchard. V. Alf. Jacobs, *les Dern. anthropophages*, Rev. des Deux-Mondes, XXXVI, p. 578.
[2] *Sacrif. hum. dans l'Inde*. Bart. S.-Hil. *J. des Sav.*, août 1867.
[3] Appelées *mériahs* (*loc. cit.*)
[4] H. Révoil, *Vie sauvage*.

joie de dévorer un voyageur, mais de préférence, un blanc quand ils en trouvent l'occasion.

Il paraîtrait que, chez ces Battas, le cannibalisme se rattacherait à une vieille coutume
juridique : les criminels sont dépecés en
morceaux « que les indigènes dévorent,
accommodés avec une sorte de sauce, où il
entre surtout du sel et du citron ».

Les Niams-Niams, tout en étant de bons
agriculteurs, dont les récoltes et les chasses
alimenteraient de grands marchés, sont néanmoins portés au cannibalisme, et ne peuvent
nier ce goût particulier.

Les Moubattos, plus civilisés que les Niams-
Niams, sont encore plus gourmands de chair
humaine que leurs congénères.

Ils font de ce mets révoltant leur repas
ordinaire ; ils recueillent avec soin la graisse
de leurs semblables et s'en servent comme
assaisonnement, au lieu de beurre ou
d'huile.

Ils vont même, par précaution, jusqu'à
saler le reste des membres qu'ils n'ont pas
dévorés ; et l'on voit souvent chez eux des
prisonniers mis en réserve et bien nour-
ris, afin qu'on puisse les trouver « à point »
au moment voulu.

Au dix-huitième siècle surtout, dit M. de Varigny [1], on s'imaginait que la férocité de l'homme était en raison directe de la pauvreté du sol qu'il occupait, et que, « né bon et pacifique », selon le langage de Rousseau, il ne devenait farouche que sous l'influence des privations ; qu'au contraire, là où la nature lui prodiguait ses dons et ses richesses, il se montrait doux et bienveillant.

C'était là un pur sophisme : une observation plus attentive a démontré, nous venons de le voir, que même dans le Haut-Congo, cette région d'une beauté souveraine comme la jugeait Livingstone, habitaient les Ma-Nyema, les « *mangeurs d'hommes* » les plus redoutés de tous.

Des cas de disette exceptionnelle ont donné lieu plus d'une fois, en Europe, à des scènes de vraie sauvagerie : ainsi lors du mémorable siège de Paris par Henri IV, en 1590, les lansquenets affamés organisaient, à la tombée de la nuit, la chasse aux enfants dans la capitale en détresse ; et, saisissant ceux qu'ils pouvaient découvrir dans les endroits isolés, les tuaient sans pitié pour « en festoyer », à défaut d'autre nourriture quelconque.

[1] *J. des Voy.*, n° 813.

Il y a quelques années, des matelots anglais perdus en plein océan sur une barque fragile, après avoir enduré pendant trois jours une faim affreuse, eurent le triste courage de tuer un jeune mousse, leur petit compagnon, et de se nourrir de sa *chair crue* et pantelante! Traduits devant les tribunaux anglais pour ce meurtre inouï, ils finirent par être acquittés, à raison des tortures délirantes qui les avaient menés à un état d'hébétude, capable d'atténuer sensiblement l'odieux de leur conduite.

Puisque l'anthropophagie (considérée, non plus comme épisode accidentel, mais comme coutume) ne résulte point nécessairement du besoin d'assouvir sa faim, quelle en est donc la cause première et déterminante?

Un fait très significatif est que cette passion se rencontre surtout dans les peuplades belliqueuses : pour elles, le cannibalisme est la conséquence de leur animosité et de leur ivresse guerrière.

Attaquer son ennemi, s'en emparer, le frapper et le mettre à mort au lieu de le garder; puis, non seulement immoler le vaincu, mais le dévorer pour assouvir une haine implacable, semble au sauvage une progression de vengeance, aussi opportune que naturelle : car, pour lui, pousser la violence jusqu'aux dernières limites des représailles est une gloire, et comme un devoir envers ceux de sa tribu, dont la renommée terrible est la meilleure sauvegarde contre les entreprises de voisins, toujours prêts pour l'agression, toujours armés pour la rapine.

M. Toussenel, lui, a soutenu cette thèse originale que les peuples anthropophages sont ceux qui sont privés du plus précieux des animaux domestiques, le *chien*, parce que le lait et la chair des troupeaux préservent les peuples pasteurs des conseils criminels de la faim. « Oui, dit-il : pas de chiens, pas de troupeaux ! donc, l'anthropophagie est incompatible avec la possession du chien. Vous ne rencontrez pas ce goût dépravé chez le Chaldéen, l'Égyptien, l'Arabe, le Mongol, le Tartare, c'est-à-dire chez les peuples à qui le chien a fait don du troupeau, et qui ont cessé d'être réduits à demander toute leur subsistance à la chasse. Vous voyez au contraire déployer des fureurs sanguinaires chez les peuples privés de cet animal : chez les indigènes de l'Amérique, dans les îles de Bornéo, des Célèbes, de Timor, etc... La preuve que c'est bien l'absence du chien qui a livré les

populations de l'Amérique à l'anthropophagie, c'est que, poursuit l'auteur, l'horrible
coutume n'a jamais envahi la hutte des Esquimaux, qui habitent la contrée la plus septentrionale du nouveau continent. Je ne vois
qu'une raison pour expliquer l'anomalie que
présente la comparaison des mœurs de l'Esquimau avec celles du Caraïbe : l'Esquimau
a joui de la présence du chien de temps
immémorial; le Caraïbe, au contraire, n'a pas
eu l'avantage de le connaître. »

De tous les faits tragiques dont les terres
sauvages ont été témoins récemment, il n'en
est peut-être pas de plus saisissants que ceux
qui se rattachent à la mission de M. Hodister,
agent commercial de Belgique.

Citons deux épisodes : « Une nuit, deux
des compagnons de la mission, M. Noblesse
et le lieutenant Mikils, furent forcés par la
faim de s'aventurer près d'un village pour y
cueillir des bananes : M. Noblesse fut pris, tué
et décapité aussitôt. Puis vint le tour du lieutenant Mikils : on le traîna à Riba-Riba où on
lui infligea les plus atroces souffrances.
Après lui avoir coupé le nez, la langue et les
oreilles, on le contraignit à assister à un festin,
dans lequel le corps de son malheureux com-

pagnon fut dévoré; ensuite on le décapita à son tour.

Quelques jours plus tard, M. Hodister accourait avec sa faible escorte, ignorant le sort de Mikils, et ne prévoyant certes pas celui qui l'attendait.

Ses hautes qualités l'avaient fait choisir pour la mission pacifique dont il était chargé et qui consistait à échelonner, le long du fleuve, des postes commerciaux : il s'en était jusqu'alors heureusement acquitté. Il débarqua donc sans méfiance; mais bientôt lui et les siens furent entourés, désarmés et les indigènes se partagèrent les membres des infortunés soldats de son escorte. Quant à lui, il subit un supplice encore plus barbare que celui infligé à Mikils : on lui coupa les avant-bras, et devant lui on les mangea, puis on lui trancha le cou. Seul, son *boy* survécut à ce massacre dont il fit le récit à son retour.

Il y a peu de temps, une relation canadienne publiait les détails d'un drame qui se serait déroulé chez les Indiens, de race Nascouapi.

Un de ces sauvages était parti avec sa fille, âgée de onze ans. A la suite de péripéties diverses, se trouvant sans nourriture, il n'hésita pas à l'égorger et à se repaître de sa chair. Le fait fut signalé au coroner du district, qui ouvrit immédiatement une enquête.

Une correspondance de Hambourg rapporte que les naufragés du navire norvégien *Thekla* ont été pendant seize jours perdus sur l'Océan Atlantique. Lorsque les vivres manquèrent, ils rongèrent les cordages : puis, dans leur délire, ils tuèrent un homme de l'équipage, un Hollandais, et le dévorèrent.

Cinq matelots sur neuf devinrent ensuite fous, et sautèrent par-dessus bord.

Dans la province de Chan-Si, durant la terrible famine qui sévit en Chine de 1876 à 1878, le vente de chair humaine avait lieu sur les marchés. Mais ce fut la conséquence du fléau, et non point un goût dépravé chez les Chinois.

Les mandarins firent même preuve d'une grande sévérité en cette circonstance : un individu qui débitait cette horrible marchandise sous l'étiquette de *chair de porc*, fut saisi, jugé, enfermé dans une cage sur la voie publique, et condamné à mourir de faim. Un autre, surpris en flagrant délit de meurtre dans le même but, subit une semblable peine.

Un missionnaire[1] nous a raconté qu'il vit

---

[1] Le R. P. Papetard.

un jour venir à lui un chef de sauvages Peau-Rouge, qui lui témoigna le désir de se convertir au christianisme. Après l'avoir interrogé, le prêtre lui dit que la polygamie n'étant pas permise par la religion du Christ, il ne pourrait être admis au baptême que lorsqu'il n'aurait plus qu'une seule femme. Quelque temps après, le sauvage revint : « Père, dit-il, je n'ai plus qu'une femme, et me voici. — Bien, mon fils; et qu'avez-vous fait de l'autre? — Je l'ai mangée, Père », reprit-il sans se déconcerter.

Dans quelques dialectes de la Polynésie, il n'y a qu'un seul mot pour signifier bon et bien, mauvais et mal.

Aussi les missionnaires ont-ils eu beaucoup de peine à faire comprendre aux Calédoniens qu'il est coupable de manger son semblable. — « Je t'assure que c'est *bon* », répondaient-ils un jour à un évêque, qui leur affirmait que c'était *mal*.

Il paraît que lorsque les sauvages ont goûté une première fois à la chair humaine, ils en éprouvent par la suite un violent désir qui ressemble à un accès de frénésie; à cette pensée, leurs traits se contractent, leurs yeux étincellent, leurs lèvres s'agitent par un mâchonnement qui fait frémir.

« Me trouvant sur le bord du grand lac des Ours, écrit M. Em. Petitot, je fis connaissance d'un grand vieillard septuagénaire à la figure douce et aux manières timides : il s'appelait *Kra-nda* (les yeux de lièvre). Que l'on juge de mon étonnement, lorsqu'après son départ j'appris de ses compatriotes esclaves qu'autrefois cet homme *avait dévoré diverses personnes de sa famille*, parmi lesquelles deux de ses femmes, son beau-frère et ses enfants ! A partir de son baptême *Kra-nda* fut pourtant corrigé de ce vice, et l'on n'eut jamais plus à lui reprocher de telles velléités. »

« Vers la même époque, ajoute l'auteur, je vis au fort Simpson, chef-lieu de l'immense district de Mackenzie, un autre carnivore de ce genre qui en était à sa septième victime ! Cet individu, nommé *Klo-bétra* (père de l'herbe), avait commis ses plus grands forfaits près du fort largement approvisionné ; ce qui prouve bien que la nécessité n'est pas le seul mobile de l'anthropophagie... J'ai vu le ravin où le vieux mangeur d'hommes *Klo-bétra* eut le courage de déterrer sa propre femme pour s'en repaître. Ce fut son premier crime, six autres suivirent. Nouveau Saturne, il tua et dévora tous ses enfants, sauf le dernier qu'il réservait probablement pour le cas de disette.

Un jour dans un sentier de la forêt, je rencontre un jeune homme qui tirait un traîneau contenant un mourant : c'était le fils de Klobétra qui amenait à la mission le vieux cannibale converti... En rentrant au Fort-Providence, je trouvai « le mangeur d'hommes » attendant la mort avec résignation, grâce à l'intervention des missionnaires ; ce qui toutefois ne l'empêcha pas de me dire tout bas, en se soulevant sur sa couche : « Petit fils! blancs mauvais, veulent pas que je guérisse. Oh! si avais petit morceau chair humaine à mettre sous mes dents, moi content! »

Dans aucune partie de l'Afrique, l'anthropophagie n'est aussi largement pratiquée que sur le territoire des Mombouttous, riche cependant en gibier.

Ils considèrent les pays situés au sud-est, du côté du lac Albert-Nyanza, comme des terrains de chasse et de pillage où ils vont se fournir de bétail humain. Les corps de ceux qui succombent à la lutte sont immédiatement répartis entre les vainqueurs, puis découpés en aiguillettes, séchés et *fumés* pour servir de provisions de bouche.

Réunis en bandes, ainsi que des troupeaux de moutons, les vaincus sont gardés comme butin, et mangés au fur et à mesure des besoins.

Les enfants, à raison de leur chair plus délicate, sont réservés pour la table du roi. « Pendant mon séjour chez les Mombouttous, dit M. Schweinfurth [1], le bruit courait que presque tous les matins *on tuait un enfant* pour la table du roi Mounza : les épouses royales faisaient, à tour de rôle, la cuisine de cet ogre africain. »

Le même voyageur surprit, en une autre circonstance, des hommes de cette région occupés à échauder un corps humain, avant de le dépecer pour le mettre à la broche.

Quelques jours après, marchant à l'aventure, il remarqua, dans une autre case, un bras d'homme suspendu au-dessus du feu pour être boucané.

Sur le rivage de l'île des États, à la Terre de Feu, se dresse un phare entretenu par la République Argentine.

En explorant l'île, les employés de ce phare trouvèrent une fois quatre barils renfermant des êtres humains, dépecés et *salés*.

On finit par apprendre que c'étaient les restes de marins européens, qu'un équipage

[1] *Au cœur de l'Afrique.*

de naufragés avait mis en réserve comme nourriture [1].

Il paraît que la chair de l'homme a un goût analogue à celui du très grossier animal qui se nourrit de glands.

« Cette chair, dit un navigateur fort au courant de la vie des non-civilisés, n'est pas mauvaise, mais fade, j'ai connu un missionnaire qui en avait mangé, se figurant que c'était du porc, seule viande, d'ailleurs, qu'on pût trouver dans l'île... : les naturels ne lui ont avoué que longtemps après, le tour sinistre qu'ils lui avaient joué. »

« Lors de ma campagne en Océanie, nous écrit un ancien officier de marine, j'étais embarqué sur l'*Ariane*, corvette de guerre envoyée dans la Micronésie et la Mélanésie, pour montrer notre pavillon aux sauvages chez lesquels nos missionnaires venaient s'établir. Nous venions de mouiller en rade de Saint-Christoval, une des îles Salomon, quand nous acquîmes la certitude que plusieurs de ces missionnaires, s'étant aventurés sur les plateaux dominant la rade, y avaient été massacrés et dévorés. Nous organisâmes pour venger ces malheureux une expédition qui

[1] F. de Cazane.

n'aboutit qu'à brûler quelques villages, et à tuer quelques indigènes dans les brousses... Plus tard, la corvette *l'Alcmène* vint à Tahiti pour nous remplacer. Étant en relâche à la Nouvelle-Calédonie, le commandant envoye à terre deux embarcations commandées par les aspirants Devarenne et de Saint-Phalle, pour renouveler la provision d'eau. Les hommes et leurs officiers, sans méfiance, s'étant un peu éloignés de la plage, furent attaqués par les naturels : deux aspirants et quelques hommes furent assommés et mangés par ces sauvages. Les autres purent à grand'peine regagner leurs canots et pousser au large [1]. »

Les témoignages des navigateurs qui ont parcouru les îles de la Nouvelle-Poméranie, et ceux des commerçants qui ont fait le négoce avec les insulaires, permettent d'affirmer que, sauf pour l'île Rook située dans le voisinage de la Nouvelle-Guinée, l'anthropophagie règne dans les îles de cette région [2]. Elle y est pratiquée par toutes les tribus en temps de guerre, envers les ennemis.

Il est avéré également que plusieurs Pères et un Frère Mariste ont été mangés dans une

---

[1] M. P. de Saint-Genis.
[2] *En Nouvelle-Poméranie*, par Mgr Couppé, vicaire apostolique. (*Miss. cath.*, 366.)

fête par les sauvages de San-Christoval; l'un d'eux, ayant été jugé trop maigre, fut, selon l'habitude en pareil cas, engraissé pendant plusieurs semaines avant d'être servi à la table de ces cannibales.

Des colons évadés de Port-Breton, dans le Nouveau-Mecklembourg (nommé alors la Nouvelle-France), ont été dévorés aussi. Souvent des trafiquants pour le coprah[1], établis en divers lieux, ont subi pareil sort; et des équipages de navire, en totalité ou en partie, ont été massacrés dans le même but sur les côtes du Nouveau-Mecklembourg et dans les îles du Duc-d'York.

M. Romilly, qui représentait l'Angleterre en ces contrées, il y a quelques années, assure qu'au Nouveau-Mecklembourg le mets favori est la *cervelle humaine*, mélangée au sagou et au coco.

De son côté, M. Jules Garnier assure avoir vu, chez les Canaques, des vieillards qui se délectaient en absorbant cette substance.

« A Baïning, près de Vlavolo, écrit un missionnaire[2], existe une tribu d'une férocité particulière. Elle se nourrit habituellement

---

[1] Amande de noix de coco séchée, destinée à la fabrication de l'huile.
[2] *Loc. cit.*, 367.

de chair humaine, et pour cela elle passe sa vie à pourchasser l'homme... Sachant que ces gens vendent un certain nombre d'enfants aux Canaques des districts voisins, qui les emploient dans leurs plantations, j'envoyai notre canot dans l'espoir de délivrer quelques-uns de ces pauvres enfants. Le Manillos que j'avais chargé de cette expédition ne trouva plus qu'une petite fille de quatre ans. Les indigènes de Baïning lui exprimèrent leurs regrets de ce qu'il ne fût pas venu un mois plus tôt, « car alors, lui dirent-ils, nous avions beaucoup d'enfants à vendre : mais n'ayant pu pêcher à cause de la mauvaise mer, *nous avons eu faim*, et nous les avons rôtis pour nos repas[1]. »

Les chroniques judiciaires de notre temps ont relaté un fait particulier de cannibalisme musulman.

La Cour de Kazan jugeait un père et un fils accusés d'avoir tué une fillette.

L'enquête et les plaidoiries ont démontré que le jeune Saïfoutine, souffrant d'une maladie chronique, s'était adressé au prêtre musulman, qui lui avait conseillé de manger le *cœur fumant* d'un être humain.

---

[1] *Loc. cit.*, 367.

Aidé de son père, il avait alors tué une jeune servante, et, lui ayant retiré le cœur, s'en était nourri pour se guérir. Tous les deux ont été condamnés à douze ans de travaux forcés; et le médecin musulman, à la déportation [1].

Continuellement, des cas nouveaux viennent s'ajouter aux épisodes sanglants déjà connus.

En décembre 1894, un télégramme de New-York [2] était conçu en ces termes : « On apprend de San-Francisco que le capitaine, le propriétaire et le second du navire français *Constantine*, qui fait le commerce avec les Nouvelles-Hébrides, ont été assassinés par l'équipage composé de Canaques : le capitaine a été *cuit*, et *mangé* à l'occasion d'une réjouissance publique. »

Une lettre du sergent Bratières [3], qui opéra contre Samory avec nos troupes du Soudan, donne d'attachants détails sur les anthropophages du Haut-Cavally : « Comme tout le monde, écrit-il, j'avais entendu parler des repas des cannibales, mais j'étais resté quelque peu incrédule, les coupables faisant très

---

[1] Mars 1892.
[2] *Havas*, 23 décembre 1894.
[3] Septembre 1898.

souvent la même réponse : « Ce n'est pas moi « qui mangerais des hommes ! cela ne se fait « que plus loin dans la forêt ! » Mais maintenant que j'ai vu, ajoute le sergent, le doute ne m'est plus permis... »

Il raconte alors qu'il a surpris la peuplade des Guerzès en train de mettre en morceaux des captifs. A celui-là on avait coupé un bras ; sur tel autre, on avait taillé un quartier de viande en pleine chair. « J'ai même vu, continue-t-il, un homme vivant à qui on avait arraché la joue, comme un morceau de choix ! »

Dans sa mémorable expédition, la mission Marchand fut témoin de plus d'une scène sauvage, de la part des Boudjos, qui n'hésitaient pas à aller repêcher pour s'en repaître des cadavres humains, venant de pirogues chavirées sur les bords de l'Oubanghi, en face la résidence des Pères du Saint-Esprit.

On dut même garder huit jours durant les tombes du cimetière, pour empêcher les indigènes d'en déterrer les morts.

Il paraît que les femmes N'asakaras, notamment, sont fort habiles à dépecer les corps, et à en griller et accommoder les lambeaux, qui sont pour elles un régal des plus appréciés.

Terminons par quelques lignes extraites d'une publication du P. Allaire sur le Congo : « Je ne décrirai pas le spectacle sans nom dont j'ai dû être, hélas! le témoin impuissant, quand j'arrivais trop tard dans les villages surpris par l'ennemi : des têtes humaines séparées de leur tronc, des membres habilement découpés gisaient çà et là. Les infâmes vainqueurs se sauvaient chacun avec le morceau préféré, m'engageant à faire de même et s'étonnant de mon dégoût pour la chair de mes semblables : «Tu as tort! me répétaient-ils « souvent, tu devrais y goûter; après, tu en « voudrais toujours, c'est si bon! — Tu vois « cette tête, me disait un de ces hommes, en « caressant un crâne tout sanglant qu'il avait « mis comme trophée au bout d'une pique, de- « vant sa case : c'est celle d'un tel que tu as « bien connu; nous l'avons rôti il y a trois « jours; il était excellent!... Tu aurais dû ve- « nir plus tôt pour en goûter. »

« Personnellement, ajoute le missionnaire, j'ai été plus d'une fois l'objet de la très inquiétante convoitise des cannibales. »

Faisons une importante remarque.

L'anthropophagie n'a pas seulement pour cause un goût dépravé ou un sentiment de vengeance : en s'assimilant leur victime par

la nutrition, les sauvages s'imaginent *s'appro-
prier du même coup ses qualités et ses vertus.*
— Cette idée contredit-elle celle que nous ex-
primions tout à l'heure, en ce qui concerne le
désir de représailles guerrières?... Nullement!
elle ne fait que la confirmer ; car boire le sang
de l'ennemi, c'est non seulement assouvir la
haine qu'il inspire ; mais c'est encore, pour
le vainqueur, *faire sienne* la valeur martiale
d'un combattant qui compte parmi l'élite de
la tribu belligérante.

Rien de plus conforme à la rudimentaire
psychologie des sauvages, que la croyance à
cette virtualité, et à cette transfusion directe.
Ainsi les Néo-Zélandais recherchaient avidement *l'œil gauche* des vaincus; là, d'après
eux, résidait l'âme du défunt (vaidoua) :
« S'en nourrir, disaient-ils, c'est doubler son
être. »

Chez les Marquisiens, un officier de marine [1]
vit le roi, sur le conseil des féticheurs, avaler
la chair d'un robuste indigène, accommodée
avec du piment et des patates farcies, « afin
de faire passer dans son corps décrépit et
débile la souplesse et la vigueur de la jeune
victime. »

[1] M. Chevé.

Chez ces insulaires les yeux humains étaient aussi réservés aux guerriers; et, à raison de la même superstition, le *cœur* devait être mangé *cru*, à la différence du reste du corps...

Ne serait-ce point sous l'empire d'idées analogues que, dans certains endroits des Abruzzes et ailleurs, les bergers, après avoir coupé l'extrémité des oreilles des chiens du troupeau, la font frire et avaler par leurs fidèles gardiens pour les rendre désormais plus attentifs et plus vigilants?

Boire de l'alcool stimule les forces; absorber de l'opium les engourdit; donc, au regard de l'infime logique de l'homme grossier, *manger un cœur doit donner du courage* et avaler une oreille, rendre l'ouïe plus fine.

Nous conformant au système que nous avons adopté, c'est-à-dire cherchant à éclaircir le passé à la lumière du présent, nous arrivons à cette conclusion : c'est que plus d'un peuple ancien [1] signalé comme cannibale (Scythes, Sarmates, Scandinaves) cherchait bien plutôt peut-être à s'assimiler les qualités de ses ennemis, dans un rite sanguinaire, qu'à se sustenter habituellement de leur chair.

[1] Nous ne parlons, bien entendu, ni des Lestrigons, ni des cyclopes de l'*Odyssée*, non plus que de l'histoire de Lycaon, ou de celle du fils de Tantale, tout cela appartenant au domaine de la mythologie.

Pour compléter cette étude, demandons à un missionnaire des plus autorisés son sentiment sur le crime d'anthropophagie qu'il a pu étudier sur place durant de longues années. Son témoignage, compétent entre tous, a plus de poids que les raisonnements de théoriciens et de philosophes qui n'ont jamais vu des sauvages que dans leur imagination ou dans les livres de voyageurs souvent fantaisistes : aussi mérite-t-il d'être rapporté textuellement.

S'expliquant au sujet des pratiques qui nous occupent, et dont il a été le témoin attristé, le missionnaire n'hésite pas à les qualifier « d'actes de dévotion farouche » inspirés surtout par une déviation du culte de nos ancêtres.

« Les tribus anthropophages, du moins celles que je connais, écrit-il, voient dans cette coutume sanglante un sacrifice qu'elles jugent agréable aux mânes de leurs aïeux; elles s'en acquittent avec un zèle féroce qui nous épouvante ; mais enfin le mobile premier est bien celui-là[1]. »

Voilà certes un point de vue nouveau qui mérite d'être signalé.

1. Le R. P. Le Roy, miss. au Zanguebar.

Mais alors! c'est donc la commisération qui doit prévaloir au récit des scènes horribles de cannibalisme, et non point la haine et le mépris pour ces pauvres égarés, dont il serait téméraire de juger la conscience avec les lumières de la Civilisation et le sentiment épuré de la Charité chrétienne, dont nos esprits ainsi que nos mœurs restent, malgré tout, imprégnés comme d'une sève généreuse et féconde.

Oui, si cette opinion est fondée, et comment en douter? on comprend le dévouement héroïque de nos missionnaires et le peu de cas qu'ils font de leurs jours, quand il s'agit d'arracher les sauvages à ces aberrations odieuses! on comprend qu'au lieu de ressentir uniquement l'horreur qui, dans les salons, nous fait tressaillir d'indignation, le prêtre zélé, l'apôtre de l'Évangile, éprouve, lui, un attrait irrésistible, un ardent amour pour ces malheureux qui commettent d'effroyables forfaits, en obéissant docilement au fanatisme aveugle qui les inspire.

Et voilà pourquoi le missionnaire, brûlant d'une ardeur généreuse pour « ses frères du désert », sacrifie sa vie avec joie, avec enthousiasme même, en se disant que chaque goutte de son sang, répandu sur le sol africain, conjure peut-être une immolation humaine : œuvre de double rédemption ! car en venant sauver les âmes au nom d'un *Dieu bon*, il sauvegarde aussi en même temps les victimes humaines, que la massue du féticheur aurait frappées sans merci au nom d'un *dieu féroce*, avide de sang ; œuvre magnifique, grandiose et patriotique comme nulle autre, œuvre de Foi, de Civilisation et de Liberté !

Ainsi donc, des témoignages aussi respectables que formels nous déclarent, nous assurent, que le roi de la création est moins pervers, moins coupable qu'on ne le croit communément ?...

Eh bien, réjouissons-nous d'abord de pouvoir remplacer par une pitié émue le courroux et l'anathème ; soyons heureux d'avoir le droit d'aimer un peu plus l'humanité entière, même en l'envisageant dans ses représentants les moins dignes ; mais surtout aidons à l'œuvre d'apostolat, qui, seule, peut éclairer les non-civilisés, les régénérer et en faire un jour, pour nous, de véritables frères.

FIN

CHAPITRE II

SUICIDE ET PARRICIDE : DOCUMENTS CHINOIS SUR L'INFANTICIDE

CHAPITRE III

SUPPLICES CAPITAUX CHEZ LES DIVERS PEUPLES

CHAPITRE IV

L'HOMICIDE A LA GUERRE

CHAPITRE V

SACRIFICES HUMAINS; SUTTIES DES VEUVES INDIENNES; ÉCHANGE DU SANG

CHAPITRE VI

ANTHROPOPHAGES D'AUTREFOIS ET CANNIBALES MODERNES

Paris. — Imp. P. Téqui, 92, rue de Vaugirard.